Der Spaziergang mit dem Hund 82
Treppensteigen 84
Radfahren 84
Hunde unter sich 85
Rottweiler und Hundesport 86
Ausstellung und Zucht 88
Die Hundeausstellung 88
Anmerkungen zur Zucht 89
Wichtige Anschriften 91
Literatur 92
Register 93

W0313136

Vorwort

Ein Bauernhund hat Karriere gemacht – eine zweifelhafte Karriere, muß man leider sagen, denn der Rottweiler ist ein gutes Beispiel dafür, welchen Schaden unangebrachte Popularität anrichten kann. Glücklicherweise flaut der Rottweilerboom zugunsten anderer, armer Hundekreaturen wieder ab. Doch das Ansehen des Rottweilers in der Öffentlichkeit bewegt manchen Passanten dazu, die Straßenseite zu wechseln, um einem entgegenkommenden Rottweiler auszuweichen. Dem Hundefreund und -kenner jedoch geht nach wie vor das Herz auf, wenn er in die schönen, sprechenden braunen Augen schaut.

Aber es gibt sie, die tragischen Unfälle, bei denen Menschen durch Rottweiler zu Schaden oder gar zu Tode kamen. Warum ausgerechnet immer wieder Rottweiler? Ist die Furcht vor dem eindrucksvollen schwarzen Hund etwa berechtigt, tut man besser daran, die Straßenseite zu wechseln? Ich würde sagen, das kommt ganz darauf an, wer den Hund an der Leine hat! Bei gewissen Typen würde ich wirklich ausweichen, ob mit oder ohne Hund! Und da sind wir schon beim Kern der Sache angelangt, denn wie immer ist auch hier nicht der Hund, sondern der Mensch dafür verantwortlich, daß der Hund keinen Schaden anrichtet.

Der Rottweiler, Inbegriff des Mutes, der Treue, der Unbestechlichkeit, ein Muskelpaket, das Kraft und Beweglichkeit verkörpert, der ganze Hund Überlegenheit ausstrahlend – welcher Mann würde sich nicht gerne mit all diesen Attributen ausstatten? Leider ist die Natur selten so gnädig, und so mag sich mancher Mensch mit diesem Hund schmücken, der all das hat, was er so gerne hätte. Andere Menschen benutzen ihn als Alarmanlage. Tagsüber sind die Hunde im Zwinger untergebracht, nachts bewachen sie das Firmengelände.

▷ Rottweiler gelten als Inbegriff von Mut und Treue.

Es ist schade, daß es Menschen gibt, die einen Hund auf solche Art und Weise mißbrauchen. Einen Hund, dem sie nicht gewachsen sind, einen Hund, den sie anschaffen, ohne auch nur zu ahnen, was wirklich in ihm steckt. Kein Mensch, der all die beneidenswert guten Eigenschaften besäße, würde sich gängeln lassen, selbstsicher und unerschrocken würde er so manche Anrempelei gelassen hinnehmen, doch ginge es zu weit, platzte auch ihm der Kragen. Je nach Mentalität würde er vielleicht sogar handgreiflich werden. Was täte ein Hund in solch einer Lage? Handgreiflich kann er nicht werden, seine deutlichen Drohungen wurden nicht beachtet – er packt zu, nicht mit den Pfoten, sondern mit dem Gebiß. Und das hat für uns dünnhäutige, haarlose Geschöpfe immer böse Folgen.

Nicht verschweigen darf man, daß sich in der Zucht hin und wieder Wesensfehler einschleichen, insbesondere, wenn die Welpen gefragt sind und unkritisch gekauft werden. Verlokkende Preise, die Liebhaber aus Übersee für Spitzenhunde zu zahlen bereit sind, mögen verantwortlungslose Züchter veranlassen, einen schönen Hund trotz Wesensmängeln durch die Schutzhundprüfung zu bringen und gar mit ihm weiterzuzüchten. Jedoch wird ein nicht seinem Wesen entsprechend ausgebildeter Hund immer ein Problemhund bleiben – und ein problematischer Rottweiler stellt eine besonders große Gefahr dar. Unfälle ereignen sich deshalb meist zwischen dem Hund und seiner Bezugsperson oder aber durch Hunde, die sich selbst überlassen aus Zwingern oder Geländen ausbrechen und dann über Menschen herfallen.

Ein im Charakter typischer Rottweiler ist ein wundervoller Hund, vor dem niemand Angst zu haben braucht, wenn der Hund entsprechend gehalten und ausgebildet ist. Das aber ist nicht einfach, und so ist der Rottweiler beileibe kein Hund für jedermann. Und schon gar nicht für Anfänger oder solche, die

---

▷ „Halt' schön fest!“ – der erste Schritt zum Apportieren und ein wichtiger Bestandteil der konsequenten Erziehung.

sich nicht für die Hundepsyche interessieren und den Hund nur benutzen wollen. Mag so mancher toll finden, daß Menschen vor seinem Hund Angst haben, so darf er doch nie vergessen, daß ein Hund, der einmal seine Beißhemmung gegenüber Menschen verloren hat – oft wird ihm das gezielt beigebracht – auch keine Hemmungen mehr hat, sich in entsprechenden Situationen seinem Herrn zu stellen. Es ist erstaunlich, wie viele Menschen Angst vor ihren Hunden haben, ohne es selbst zu ahnen. Sie vermeiden instinktiv Konfliktsituationen mit dem Hund, so daß jahrelang nichts passiert. Doch irgendwann tut der Mensch etwas, das dem Hund nicht paßt – und dann weist der Hund den Menschen in die Schranken – beim Rottweiler endet solch eine Auseinandersetzung ganz sicher im Krankenhaus!

Andererseits darf man sich durch die Schlagzeilen der Boulevardpresse nicht verunsichern lassen. Es gibt Tausende von Rottweilern, die ein glückliches Familienleben führen, die hervorragende Sportkameraden und Diensthunde sind, ohne daß es je Probleme gegeben hätte. An dieser Mehrheit sollte man sich orientieren.

Doch wer mit der Anschaffung eines Rottweilers liebäugelt, muß sich vorher mit der Rasse vertraut machen und sich selbst sorgfältig prüfen, ob er wirklich der richtige Partner für diesen Hund sein kann. Ob er ihm die nötigen Voraussetzungen für ein erfülltes Hundeleben bieten kann. Nur dann wird der Hund in einer solchen Partnerschaft all die guten Eigenschaften seiner Rasse entfalten können.

Der Rottweiler – ein Hund für mich?

Ich verstehe gut, daß die Menschen in unserer heutigen Zeit ein gewisses Schutzbedürfnis haben, und welcher Hund wäre ein zuverlässigerer Beschützer als der Rottweiler? Auch der Hundesportler, der den Rottweiler zu nehmen versteht, kann sich keinen besseren Sportkameraden vorstellen. Einem Rottweiler bei der Arbeit zuzusehen, wie er leichtfüßig seinen kräftigen Körper neben seinem Herrn über den Platz gleiten läßt, dabei keine Minute den Augenkontakt verlierend, freudig das nächste Kommando erwartend, ist eine Augenweide. Den gleichen Hund sieht man voller Elan im Schutzdienst, hart zupackend, doch auf Kommando sofort auslassend, um am Ende unbefangen, die Augen noch glänzend vom eben Erlebten, neben seinem mit dem Helfer fachsimpelnden Herrn vom Platz zu traben. Solch ein Hund macht Freude.

Ebensolche Freude kann man mit dem Rottweiler auch haben, wenn man ihn nicht als Schutzhund ausbilden möchte. Es ist sicher nützlich, den Hund auf einem Übungsplatz in Disziplin zu üben, wenn andere Hunde dabei sind. Man kann von erfahrenen Hundeausbildern viel lernen. Wenn man an solcher Gruppenarbeit nicht teilnehmen kann oder möchte, muß es jedoch unbedingt sein, daß der Rottweiler erzogen wird, daß er „Hier“, „Sitz“, „Platz“ und „bei Fuß“ beherrscht und auf Kommando ohne zu zögern ausführt. Das hat zwei gute Gründe. Einmal können Sie Ihren Rottweiler problemlos überallhin mitnehmen, wo Hunde erlaubt sind, und zum anderen erkennt ein Hund, der zuverlässig gehorcht, seinen Herrn als solchen an. Und das ist der springende Punkt in der Rottweilererziehung. Dazu braucht es keinen Zwang und keine Unterdrückung, sondern nur ein wenig Hundeverstand

---

▷ Dank ihrer feinen Nase und ihrer Zuverlässigkeit in Ausnahmesituationen sind Rottweiler hervorragende Katastrophenhunde.

und -erfahrung, und Sie werden mit dem Rottweiler keine Schwierigkeiten haben.

Einen Rottweiler muß man auch nicht zum Schutzhund ausbilden. Jeder erwachsene Rottweiler bewacht und beschützt instinktiv seine Familie und deren Eigentum. Lassen Sie sich nicht täuschen, weil der Hund wenig bellt! Das ist eine sehr angenehme Eigenschaft, denn wenn er bellt, sollten Sie tunlichst nachsehen, dann hatte er auch einen guten Grund. Ganz abgesehen davon, daß niemand Aug' in Aug' mit einem Rottweiler über einen Zaun klettern würde! Ganz wichtig ist deshalb, daß man niemals den Rottweiler auf irgendetwas hetzt und ihn zum Angriff ermutigt. Nur wer im Hundesport aktiv werden will, darf das unter fachlicher Anleitung tun, wobei immer die wichtigste Voraussetzung für jegliche Mannarbeit absolut zuverlässiger Gehorsam und das sofortige „Aus"-lassen beim Biß sind! Läßt man den Hund erkennen, wie stark er wirklich ist, ohne die obigen Voraussetzungen zu erfüllen, verliert man rasch die Kontrolle über ihn, was durchaus zu Unfällen gegenüber den Mitgliedern der eigenen Familie führen kann!

Die zweite Voraussetzung für ein angenehmes Zusammenleben mit dem Hund ist Zeit, um sich intensiv mit ihm zu beschäftigen. Da er pflegeleicht und robust ist, scheint es sehr bequem, ihn tagsüber in einen Zwinger zu sperren und am Abend auf dem Grundstück frei laufen zu lassen. Doch ein sich selbst überlassener Hund fühlt sich als Boss in seinem Revier, er bestimmt schließlich, wer sich darin wie und wo bewegen darf. Gibt man dem Hund zur Gesellschaft gar noch einen zweiten bei, bilden die beiden eine Meute, die in ihrem Revier dann wirklich gefährlich werden kann – und zwar auch für den eigenen Herrn.

Ein korrekt erzogener und gehaltener Rottweiler ist innerhalb seiner Familie verschmust und zärtlich wie ein Schoßhund. Fremden gegenüber verhält er sich in Anwesenheit seiner Menschen in friedlicher Situation in der Regel neutral, es gibt aber auch Schmuser, die sich genüßlich die Ohren kraulen lassen. Doch will der Hund von Fremden nichts wissen, dann sorgen Sie dafür, daß man ihn auch in Ruhe läßt. Vorsicht, der Rottweiler hat zwar weder Falten und langes Zottelhaar, das seinen Gesichtsausdruck verschleiert, aber durch die starke Kopfmuskulatur besitzt er dennoch für den Ungeübten keine deutlich erkennbare Mimik. Der Besitzer erkennt sofort am harten, durchdringenden Blick, daß der Hund nun genug hat und ihm langsam der Geduldsfaden reißt. Deshalb in Anwesenheit von Fremden den Hund nie aus den Augen lassen, so daß er keinen Schaden an Menschen, anderen Tieren oder fremdem Eigentum anrichten kann.

Ein weiterer wichtiger Aspekt der Rottweilerhaltung ist, daß ein ausgewachsener, starker Rottweiler körperlich selbst für einen erwachsenen Mann kaum zu zügeln ist. Dazu kommt eine recht große Schmerzunempfindlichkeit, so daß eine Erziehung mit Gewalt oder eine Tracht Prügel nichts erreichen, sondern die Situation nur noch verschlechtern. Mit viel Liebe und Fingerspitzengefühl bei der Erziehung kann man beim Rottweiler alles erreichen, ohne ihn je körperlich zu züchtigen. Die Erziehung muß deshalb beim Welpen einsetzen. Dies ist besonders wichtig, weil manche Rottweilerrüden in ihrem Männlichkeitsbewußtsein jede Rauferei mit Artgenossen willkommen heißen. Keine Gefahr für Artgenossen stellt nur ein wirklich zuverlässig gehorchender Hund dar. Ein rauflustiger Hund dagegen ist für einen normalen Hundebesitzer ein Ärgernis. Jeder Spaziergang bedeutet Streß, letztlich wird man gar keine Lust mehr haben, mit dem Hund auszugehen.

Da der temperamentvolle, vor Kraft strotzende, aufmerksame, spiel- und arbeitsfreudige Hund jedoch viel Bewegung und Beschäftigung braucht, ist der gemeinsame Spaziergang der Höhepunkt der Mensch-Hund-Beziehung. Ein unausgelasteter, sich langweilender Rottweiler wird zügellos, unbändig und entwickelt unter Umständen Zerstörungswut und Verhaltensstörungen. Rottweiler tendieren im allgemeinen weder zum Streunen noch zum Wildern. Es versteht sich jedoch von selbst, daß man dem Hund gar keine Chance gibt, sich unbeaufsichtigt selbständig zu machen. Freilauf kommt nur dort infrage, wo der Hund sich selbst und andere nicht gefährdet und vor allen Dingen erst dann, wenn er zuverlässig gehorcht, auf Rufen sofort herankommt und auf Entfernung die Kommandos „Platz-bleib“ beherrscht.

Wer es versteht, mit dem Rottweiler umzugehen, wird in ihm einen wundervollen, grundehrlichen, treuen, niemals hinterhältigen Begleiter finden, der ihn sein Leben lang nicht enttäuscht.

Vom Wolf zum Rottweiler

Um zu verstehen, warum der Rottweiler so ist, wie er ist, muß man sich mit der Geschichte der Hunde vertraut machen. Denn über Jahrtausende hinweg hat der Mensch die Hunde nach seinen Bedürfnissen geformt und bei bestimmten Hunden bestimmte Merkmale und Eigenschaften durch sorgfältige Partnerwahl und radikale Zuchtauslese im Erbgut der Hunde gefestigt. Man mußte dafür nichts von Vererbungslehre verstehen; die Menschen besaßen vielmehr genug „Hundeverstand“, um zu sehen, welcher Hund ihre Anforderungen am besten erfüllte und daher für Nachfolger sorgen durfte. Man zierte sich nicht, alle unnötigen, unerwünschten und ungeeigneten Hunde auszumerzen. Das erscheint uns heute grausam, aber Menschen, die krankgezüchtete und verhaltensgestörte Hunde päppeln, sich dann noch als Tierfreunde verstehend mit ihnen weiterzüchten, sind ein Auswuchs der letzten Jahre in den Ländern wirtschaftlichen Überflusses! Sie haben es schließlich auch geschafft, binnen weniger Generationen einige Rassen körperlich und/oder seelisch krank zu züchten. Da fragt man sich, wer wohl grausamer ist.

So kam der Mensch auf den Hund

Archäologische Funde belegen, daß Hunde schon vor mehr als 10 000 Jahren Menschen begleiteten. Überreste der ersten Hunde, wann immer sie auch gelebt haben mögen, wird man wohl kaum noch finden. Nach heutigem Stand der Wissenschaft gilt der Wolf als Ahnherr des Hundes. Sammler und Jäger mögen mit ihm eine Zweckgemeinschaft eingegangen sein. Reste üppiger Mahlzeiten waren den Wölfen willkommene Nahrung, die sicherlich besonders gerne tragende und säugende Weibchen genutzt haben werden. Dagegen schätzte es der Mensch, wenn das Verhalten der herumlungernden Tiere im Dunkeln drohende Gefahr anzeigte. Nicht zuletzt wird man die vierbeinigen Begleiter als lebenden Proviant in schlechten Zeiten genutzt haben. Da sie sich aufgrund ihres angeborenen Sozialverhaltens im Wolfsrudel relativ problemlos in die menschliche Gesellschaft einfügten, stand ihrer Karriere als künftigem Haushund nichts im Wege.

Der Urmensch folgte den wandernden Herden. Mit ihm zogen die Wölfe, die ebenfalls großes Interesse an der Beute hatten. Mensch und Wolf dürften ein ähnliches Verhältnis zueinander gehabt haben, wie es heute noch die Indianer Nordamerikas haben, die ihn als „Bruder Wolf" bezeichnen. Doch irgendwann ging der Mensch dazu über, Schafe, Ziegen und Rinder zu zähmen, die ihm zu jeder Jahreszeit Fleisch und Rohstoffe lieferten. Die Haustiere jedoch waren den Wölfen leichte Beute. Die Wölfe gefährdeten die Existenz des Menschen, und damit wurde der Wolf zu seinem erbittertsten Feind. Nun gewann der Hund an Bedeutung und diente mehr denn je zum Schutze dieses lebensnotwendigen Eigentums vor anderen Menschenhorden und Raubtieren. Die bewußte Zucht dürfte hier eingesetzt haben. Nicht in unserem heutigen Sinne nach Schönheit, wohl aber nach Merkmalen, die besonders dem Zweck, den die Hunde erfüllen sollten, dienlich waren.

Jagdgefährte und Schutzhund

Die wichtigsten Aufgaben der Hunde im Dienste des Menschen waren der Schutz der Herden und die Hilfe bei der Jagd. Die frühen Jagdhunde stellten das in die Enge getriebene Wild und rissen es zu Tode oder überließen dem hinzueilenden Jäger den Todesstoß. Für alle Beteiligten war diese Jagd gefährlich. Die draufgängerischen Hunde durften nicht zu schwerfällig sein, sondern mußten den forkelnden Hirschen geschickt ausweichen, ebenso wie den tödlichen Hauern der Keiler. Andererseits brauchten sie ungeheuren Mut, Kraft und Ausdauer, um das wehrhafte Wild erfolgreich festhalten zu können. Durch die Entwicklung von auf Entfernung treffsicheren Waffen war die Jagd mit schweren Kampfhunden überholt. Die kräftigen, unerschrockenen, robusten Hunde fanden dort einen neuen Arbeitsplatz, wo Rinder zu treiben waren, die gefährlich austreten und mit Hörnern stoßen.

Die Viehzucht wurde vornehmlich in den kargen Bergregionen betrieben, wo sich Ackerbau nicht lohnte. Da es früher weder Eisenbahn noch Kühltransporte gab, bestand nur eine Möglichkeit, Frischfleisch in die Städte zu bringen: zu Fuß. Viehhändler und Viehtreiber bildeten eine uralte Zunft. Man trieb während tagelanger Märsche das Vieh aus der Heimat von den Bergen in die Täler und weiter, wo es auf großen Viehmärkten verkauft wurde. Mehrere Hundert Stück Vieh unter solchen Umständen sicher über Hunderte von Kilometern ans Ziel zu bringen, wäre den Viehhändlern ohne die Treibhunde gar nicht möglich gewesen.

Geschickt bissen die Hunde in die Fesseln der Rinder, hart genug, um sie zu treiben, jedoch durfte das Vieh nicht vom Hund verletzt werden. Geschickt, intelligent, arbeitsfreudig mußten diese Hunde sein und darauf achten, daß keine Tiere

---

▷ Der Rottweiler ist ein anerkannter Diensthund und vorzüglicher Schutzhund, hier beim Verbellen. Beißen darf er nur im Verteidigungsfall.

gestohlen wurden. Stark entwickelter Schutztrieb und kompromißloses Angreifen waren gefragt. So entwickelte sich ein robuster, gesunder Hundeschlag, der charakterlich fest und selbständig sein mußte. Nur dominante Tiere konnten solch eine Arbeit verrichten und unter solchen Umständen leben.

Mit dem Bau der Eisenbahnen waren Transportprobleme binnen weniger Jahre gelöst. Das Vieh wurde nur noch zu den Bahnhöfen getrieben und auf den großen Schlachthöfen wieder ausgeladen. Die Treibhunde blieben bei den Bauern, die Treiber waren arbeitslos. Wo Viehmärkte abgehalten werden, sind auch die Metzger nicht weit, die dort ihr Schlachtvieh einkaufen. Sie waren ebenfalls auf die Hilfe der klugen, starken und wachsamen Hunde angewiesen. Und das unabhängig davon, ob das Vieh zu Fuß oder per Bahn eintraf. Auch in Rottweil war das nicht anders, und die Rottweiler Metzger waren für ihre Hunde bekannt. Es ist sehr gut vorstellbar, daß sie die besten Hunde der Treiber übernahmen, denn für sie waren die Tiere von großem Nutzen. Die Hunde werden es dankbar hingenommen haben, denn nun führten sie vergleichsweise ein Leben wie im Schlaraffenland.

Aber auch diese Zeit ging zu Ende, die Metzger schlachteten nicht mehr selbst, Hygienevorschriften erschwerten die Hundehaltung. So wurde der Rottweiler in Rottweil selten. Aber inzwischen war er über seine Heimat hinaus bekannt geworden sollte eine weltweite Karriere machen.

Der Hund aus Rottweil

Die ersten Siedler auf dem Gebiet der heutigen Kleinstadt Rottweil im Schwäbischen lebten in vorchristlicher Zeit. Die Stadt erblühte unter römischer Herrschaft als Knotenpunkt wichtiger Heer- und Handelsstraßen in die nördlichen Gebiete des römischen Weltreiches. Sie behielt ihre wirtschaftliche Bedeutung als Handelsumschlagplatz bis ins späte Mittelalter.

▷ Rottweiler beim Schutzdienst: Ein Überfall wird simuliert.

Ob auf den Heer- und Handelsstraßen aus dem Süden römische Kampfhunde, aus dem Osten Hirtenhunde des Balkans, aus dem Westen britische Doggen kamen und ob alle ihre Spuren bei den einheimischen Bauernhunden hinterließen, ist reine Spekulation. Sicher ist nur, daß die Viehtreiber und Metzger die Hunde benutzten, die ihnen die schwere Arbeit im Umgang mit dem Vieh erleichterten. Dies setzte einen bestimmten Hundetyp voraus, muskulös, wendig, ausdauernd, genügsam, robust und witterungsunempfindlich dank eines derben stockhaarigen Fells. Die Anforderungen an den Charakter waren auch eindeutig: nervenfest, belastbar, sich jeder Situation anpassend, sanft und vorsichtig mit den Kälbern umgehend, unerbittlich dagegen gegenüber widerspenstigen Bullen, arbeitswillig und stets aufmerksam, wachsam und stets kompromißlos zur Verteidigung des Viehs und des Eigentums seines Herrn bereit. Trotz Draufgängertums und der Fähigkeit, selbständig zu arbeiten, mußte der Hund seinem Herrn auf weite Entfernung über die ganze Herde hinweg auf Pfiff oder Zeichen gehorchen, was dem Herrn gegenüber Unterordnungsbereitschaft voraussetzte.

Der Hundetyp war mit diesen Voraussetzungen sowohl vom Aussehen her als auch vom Wesen vorgegeben. Keine Rolle spielten dagegen Farbe und Zeichnung, die allein dem persönlichen Geschmack des Hundebesitzers zu entsprechen brauchten. Da die schwäbischen Nationalfarben Schwarz-Gelb sind, soll man im schwäbischen Rottweil und Umgebung einem schwarz-gelben Hund den Vorzug gegeben haben, der keine weißen Abzeichen besaß und sich so deutlich von seinen bunten schweizerischen Vettern abhob.

Als Mitte des 19. Jahrhunderts die Industrialisierung die Geschichte der Menschheit drastisch veränderte, wirkte sich das natürlich auch auf die Situation der Hundetypen aus, die zu bestimmten Aufgaben gezüchtet worden waren. Viele interessante Schläge gerieten in Vergessenheit, und so schreibt BECKMANN 1894 in seinem großen Werk „Rassen des Hundes“: „Auch die Württemberger oder Rottweiler Metzgerhunde bildeten früher und wohl noch jetzt eine constante Rasse. Ein näheres Eingehen auf diese Typen dürfte bei dem voraussichtlichen Verschwinden derselben überflüssig erscheinen.“

Doch es gab einige wenige Hundefreunde, die um das Überleben der schönen und nützlichen einheimischen Hundeschläge zu kämpfen begannen. Möglicherweise half der Zeitgeist zur Förderung des Deutschen bei dem Bestreben. 1901 erstellte der Tiermaler Albert KULL den ersten Rassestandard. Die Rasse selbst wurde vom Internationalen Club für Leonberger und Rottweiler Hunde betreut. Bekannt machte die Rasse VON OTTO, der im Auftrage des Kartells für das Hundewesen zu Beginn dieses Jahrhunderts eine Abhandlung über die deutschen Hunderassen schrieb.

1905 fand in Heidelberg eine Ausstellung für Hunde aller Rassen statt. Der Ehrenvorsitzende dieser Veranstaltung war auf der Suche nach einem schönen Hund seltener Rasse mit tadellosen Charakteranlagen. Der Vorstand des Vereins der Hundefreunde Heidelberg besorgte einen Rottweilerrüden namens „Merat“, der so gut einschlug, daß man den Vorsitzenden Albert Graf, von Hause aus Teckelzüchter, bedrängte, die Zucht in die Hand zu nehmen. 1907 wurde der Deutsche Rottweiler-Klub mit Sitz in Heidelberg gegründet.

Damit war der Grundstein zur modernen Rottweilerzucht gelegt. Das vor dem Ersten Weltkrieg erschienene Rottweiler-Stammbuch Band I enthält 500 Eintragungen! Inzwischen gab es zwei Zuchtvereine mit unterschiedlichen Zuchtauffassungen. Glücklicherweise wurde man sich jedoch einig, daß unter diesen Umständen die Rottweilerzucht nie weiterkommen könne und gründete am 14. August 1921 in Eisenach den Allgemeinen Deutschen Rottweiler-Klub (ADRK), der zu einem der bedeutendsten Rassezuchtvereine in Deutschland heranwuchs. Unter seiner Obhut wurde der Rottweiler zu einem der hervorragendsten Diensthunde für Polizei, Zoll und Militär und erlangte weltweite Beliebtheit.

Der Rassestandard

F. C. I. Standard Nr. 147 / 24. 9. 1991 / D
Rottweiler

Ursprungsland: Deutschland
Verwendung: Begleit-, Schutz- und Gebrauchshund
Klassifikation F. C. I.: Gruppe II (Schnauzer und Pinscher, Molosser und Schweizer Sennenhunde), Sektion 2.1 Molosser, doggenartige Hunde.

Kurzer geschichtlicher Überblick: Der Rottweiler zählt zu den ältesten Hunderassen. Sein Ursprung geht bis in die Römerzeit zurück. Er wurde dort als Hüte- und Treiberhund gehalten. Die Hunde zogen mit den römischen Legionen über die Alpen, beschützten die Menschen und trieben das Vieh. Im Raum um Rottweil trafen diese Hunde mit einheimischen Hunden zusammen. Hier erfolgte dann eine Vermischung. Die Hauptaufgabe des Rottweilers wurde nun das Treiben und Bewachen von Großviehherden und die Verteidigung seines Herrn und dessen Eigentum. Nach der alten deutschen Reichsstadt Rottweil erhielt er seinen Namen: Rottweiler Metzgerhund. Die Metzger züchteten diesen Hundeschlag nur auf Leistung und für ihren Verwendungszweck. So entstand im Laufe der Zeit ein hervorragender Hüte- und Treiberhund, der auch als Zughund Verwendung fand: Als man zu Beginn des 20. Jahrhunderts Hunderassen für den Polizeidienst suchte, wurde auch der Rottweiler überprüft. Es zeigte sich sehr schnell, daß der Hund für die Aufgaben im Polizeidienst hervorragend geeignet ist. Im Jahre 1910 wurde er deshalb als Polizeihund offiziell anerkannt.

Die Rottweilerzucht erstrebt einen kraftstrotzenden Hund, schwarz mit rotbraunen, klar abgegrenzten Abzeichen, der bei wuchtiger Gesamterscheinung den Adel nicht vermissen läßt

▷ Ein vorzüglicher Rottweiler-Rüde.

und sich als Begleit-, Schutz- und Gebrauchshund in besonderem Maße eignet.

1. Allgemeines Erscheinungsbild des Hundes

Der Rottweiler ist ein mittelgroßer bis großer, stämmiger Hund, weder plump noch leicht, nicht hochläufig oder windig. Seine im richtigen Verhältnis stehende, gedrungene und kräftige Gestalt läßt auf große Kraft, Wendigkeit und Ausdauer schließen.

2. Wichtige Maßverhältnisse (Proportionen)

Das Maß der Rumpflänge, gemessen vom Brustbein bis zum Sitzbeinhöcker, sollte dasjenige der Widerristhöhe höchstens um 15% überschreiten.

3. Verhalten und Charakter

Von freundlicher, friedlicher Grundstimmung, kinderlieb, ist er sehr anhänglich, gehorsam, führig und arbeitsfreudig. Seine Erscheinung verrät Urwüchsigkeit; sein Verhalten ist selbstsicher, nervenfest und unerschrocken. Er reagiert mit hoher Aufmerksamkeit gegenüber seiner Umwelt.

4. Kopf

4.1 Oberkopf: Mittellang, der Schädel zwischen den Ohren breit, in der Stirnlinie, seitlich gesehen, mäßig gewölbt. Hinterhauptstachel gut entwickelt, ohne stark hervorzutreten. Stop: Stirnabsatz ausgeprägt.

4.2 Gesichtsschädel: Nase: Nasenrücken gerade, mit breitem Ansatz und mäßiger Verjüngung, Nasenkuppe gut ausgebildet, eher breit als rund, mit verhältnismäßig großen Öffnungen, stets von schwarzer Farbe. Schnauze: Der Fang sollte im Verhältnis zum Oberkopf weder gestreckt noch verkürzt wirken. Lefzen: Schwarz, fest anliegend, Lefzenwinkel geschlossen, Zahnleiste möglichst dunkel. Kiefer: Kräftiger, breiter Ober- und Unterkiefer. Backen: Jochbogen ausgeprägt. Gebiß: Stark und vollständig (42 Zähne), die oberen Schneidezähne greifen scherenartig über die des Unterkiefers. Augen: Mittelgroß, mandelförmig, von tiefbrauner Farbe;

Lider gut anliegend. Ohren: Mittelgroß, hängend, dreieckig, weit voneinanderstehend, hoch angesetzt. Der Oberkopf erscheint bei nach vorn gelegten, gut anliegenden Ohren verbreitert.

5. Hals

Kräftig, mäßig lang, gut bemuskelt, mit leicht gewölbter Nackenlinie, trocken, ohne Wamme oder lose Kehlhaut.

6. Rumpf

Rücken: Gerade, kräftig, stramm. Lendenpartie kurz, kräftig und tief. Kruppe: Breit, von mittlerer Länge in leichter Rundung verlaufend, weder gerade noch stark abfallend. Brust: Geräumig, breit und tief (ca. 50 % der Widerristhöhe), mit gut entwickelter Vorbrust und gut gewölbten Rippen. Bauch: Flanken nicht aufgezogen. Rute: kurz kupiert, wobei ein oder zwei Rutenwirbel sichtbar erhalten bleiben. In Ländern, in denen der Gesetzgeber ein Rutenkupierverbot erlassen hat, kann die Rute naturbelassen bleiben.

7. Gliedmaßen:

7.1 Vorderhand: Allgemeines: Die Vorderläufe sind von vorn gesehen gerade und nicht eng gestellt. Die Unterschenkel stehen, seitlich gesehen, gerade. Die Neigung des Schulterblattes zur Waagerechten ist etwa 45 Grad. Schultern: Gut gelagert. Oberarm: Gut am Rumpf anliegend. Unterarm: Kräftig entwickelt und bemuskelt. Vordermittelfuß: Leicht federnd, kräftig, nicht steil. Pfoten: Rund, gut geschlossen und gewölbt, Sohlen hart, Nägel kurz, schwarz und stark.

7.2 Hinterhand: Allgemeines: Von hinten gesehen sind die Hinterläufe gerade, nicht eng gestellt. Im zwanglosen Stand bilden Oberschenkel zum Hüftbein, Oberschenkel zum Unterschenkel und Unterschenkel zum Mittelfuß einen stumpfen Winkel. Oberschenkel: Mäßig lang, breit und stark bemuskelt. Unterschenkel: Lang, kräftig und breit bemuskelt, sehnig in ein kraftvolles Sprunggelenk übergehend, gut gewinkelt, nicht steil. Pfoten: Etwas länger als die Vorderpfoten, ebenso gut geschlossen, gewölbt mit starken Zehen, ohne Afterkrallen.

8. Gangwerk

Der Rottweiler ist ein Traber. Der Rücken bleibt fest und relativ ruhig. Der Ablauf der Bewegung ist harmonisch, sicher, kraftvoll und ungehemmt, bei guter Schrittweite.

9. Haut

Kopfhaut: Liegt überall straff an und darf bei hoher Aufmerksamkeit leichte Stirnfalten bilden.

10. Haarkleid

10.1 Beschaffenheit des Haares: Bestehend aus Deckhaar und Unterwolle. Deckhaar = Stockhaar, mittellang, derb, dicht und straff anliegend, die Unterwolle soll nicht aus dem Deckhaar hervortreten. An den Hinterläufen ist die Behaarung etwas länger.

10.2 Farbe: Schwarz mit gut abgegrenzten Abzeichen (Brand) von satter, rotbrauner Färbung an Backen, Fang, Halsunterseite, Brust und Läufen sowie über den Augen und unter der Rutenwurzel.

11. Größe und Gewicht

Widerristhöhe Rüden 61 bis 68 cm
61 bis 62 cm klein
63 bis 64 cm mittelgroß
65 bis 66 cm groß = richtige Höhe
67–68 cm sehr groß
Gewicht ca. 50 kg

Widerristhöhe Hündinnen 56–63 cm
56 bis 57 cm klein
58 bis 59 cm mittelgroß
60 bis 61 cm groß = richtige Höhe
62 bis 63 cm sehr groß
Gewicht ca. 42 kg

12. Fehler

Gesamtbild: Leichte, windige, hochläufige Gesamterscheinung, schwache Knochen und Muskeln.

Kopf: Jagdhundkopf; schmaler, leichter, zu kurzer, langer, plumper Kopf, flache Stirnpartie (fehlender oder zu geringer Stop).

Schnauze: Langer oder spitzer Fang; Rams- oder Spaltnase, eingesunkener oder abfallender Nasenrücken, helle oder gefleckte Nasenkuppe.

Lefzen: Offene, rosafarbene oder fleckige Lefzen, offener Lefzenwinkel.

Kiefer: Schmaler Unterkiefer.

Backen: Stark hervortretende Backen.

Gebiß: Zangengebiß.

Ohren: Zu tief angesetzte, schwere, lange, schlappe, zurückgeklappte sowie abstehende und ungleichmäßig getragene Ohren.

Augen: Helle, offene, tiefliegende, zu volle sowie runde Augen.

Hals: Zu langer, dünner, schwach bemuskelter Hals, Wamme oder zu lose Kehlhaut.

Körper: Zu lang, zu kurz, schmal.

Brust: Flachgerippter Brustkorb, tonnenförmige Brust, Schnürbrust.

Rücken: Zu langer, schwacher oder eingesenkter Rücken, Karpfenrücken.

Kruppe: Abschüssige Kruppe, zu kurz, zu gerade oder zu lang.

Rute: Zu hoch oder zu tief angesetzte Rute.

Vordergliedmaßen: Eng gestellte oder nicht gerade Vorderläufe. Steile Schulter, fehlender oder mangelnder Ellbogenanschluß, zu langer, zu kurzer oder steiler Oberarm, weicher oder steiler Vordermittelfuß, Spreizpfoten, zu flache oder zu stark gewölbte Zehen, verkümmerte Zehen, helle Nägel.

Hintergliedmaßen: Flachschenkelige, hackenenge, kuhhessige oder faßbeinige Läufe, zu eng oder zu weit gewinkelte Gelenke, Afterkrallen.

Haut: Kopfhaut faltig.

Haarbeschaffenheit: Weiches, zu kurzes oder langes Haar, Wellhaar, Fehlen der Unterwolle.

Farbe: Mißfarbene, unklar abgegrenzte zu ausgedehnte Abzeichen.

13. Disqualifizierende Fehler

Allgemeines: Betonte Umkehrung des Geschlechtsgepräges (Hündinnentyp bei Rüden und umgekehrt).

Verhalten: Ängstliche, scheue, feige, schußscheue, bösartige, übertrieben mißtrauische, nervöse Tiere.

Augen: Entropium, Ektropium, gelbe Augen, verschiedenfarbige Augen.

Gebiß: Vorbeißer, Unterbeißer, Hunde mit fehlenden Prämolaren oder Molaren.

Hoden: Einhodige oder hodenlose Rüden. Beide Hoden müssen, gut entwickelt, sich deutlich sichtbar im Hodensack befinden.

Haarbeschaffenheit: Ausgesprochen lang- und wellhaarige Tiere.

Haarfarbe: Hunde, die nicht dem Rottweiler entsprechend schwarz mit braunen Abzeichen sind, weiße Flecken.

N.B.: Rüden müssen zwei sichtlich normale, gut im Skrotum liegende Hoden aufweisen.

Ein Rottweiler soll es sein

Was vor der Anschaffung noch zu bedenken ist

Aus den Eingangskapiteln ging es bereits hervor: Grundsätzlich möchte ich nur demjenigen zur Anschaffung eines Rottweilers raten, der schon Erfahrung im Umgang mit Hunden hat und sich mit dem Hundeverhalten auskennt. Der Rottweiler ist sicherlich nicht der richtige Einstieg in die Hundehaltung, denn Erziehungsfehler und Fehleinschätzung des Hundes können böse Folgen haben. Jeder Anfänger macht Fehler, selbst wenn er sich noch so gut informiert und zu lernen bereit ist. Sie dürfen sich nicht über- und den Rottweiler nicht unterschätzen (vgl. auch „Der Rottweiler – ein Hund für mich?"). Außer den genannten Punkten sind auch die Kriterien zu beachten, die im folgenden aufgeführt werden.

Familienanschluß

Hunde sind Rudeltiere. Sie allein zu lassen ist grausam und gegen ihre Natur. Fehlverhalten ist gerade bei einem so starken, selbstbewußten und temperamentvollen Hund wie dem Rottweiler unvermeidbar, wenn er den ganzen Tag eingesperrt und nur abends für ein „Stündchen" hervorgeholt wird. Er braucht engen Familienanschluß und täglich wenigstens einige Stunden Kontakt mit der Familie, und zwar in der Wohnung. Nicht jeder mag einen solch großen Hund ständig um sich haben. Einen Rottweiler sollte man nur dann in die Familie aufnehmen, wenn alle Familienmitglieder von dieser Idee begeistert sind!

Das gilt insbesondere für die Hausfrau, für die der Vierbeiner eine echte Mehrbelastung bedeutet. Nun gehört der Rottweiler mit seinem derben, kurzen Fell zu den ausgesprochen pflegeleichten Rassen, doch auch er verliert Haare, die zu

Zeiten des Haarwechsels im Hause herumfliegen. Jeder Hund bringt bei schlechtem Wetter Schmutz mit in die Wohnung. Eine Hausfrau, die Wert auf peinliche Sauberkeit legt, dabei aber nicht bereit ist, sich um den Hund zu kümmern, wird wenig Freude am neuen Hausgenossen haben. In solch eine Familie gehört kein Hund!

Berücksichtigen Sie bitte, daß einige Menschen auf Tierhaare allergisch reagieren. Sprechen Sie mit Ihrem Hausarzt darüber, wie man sich und die Familie am besten testen kann – vor dem Hundeerwerb!

Zeit

Der kraftvolle und arbeitsfreudige Rottweiler will bewegt und beschäftigt werden. Zwei Stunden Auslauf täglich sind Voraussetzung für das Wohlbefinden des Hundes, nicht nur körperlich, sondern auch geistig, denn bei den Spaziergängen bekommt er Anregung durch fremde Gerüche und Kontakte mit Artgenossen.

„Täglich" heißt „jeden Tag", Sommer wie Winter, bei jedem Wetter. Dazu kommen mehrmals am Tag kürzere Ausgänge zum Lösen. Dabei muß gewährleistet sein, daß er keine Schäden an Personen, anderen Tieren oder fremdem Eigentum anrichten und keine Unfälle verursachen kann. Als Halter müssen Sie körperlich fit genug sein, um derartige Spaziergänge in freier Natur auch bei widrigem Wetter durchzustehen und energisch genug, um den Hund im Griff zu haben, wenn Ihnen andere Hunde und Menschen begegnen. Voraussetzung dafür ist, daß Ihr Rottweiler in jeder Situation zuverlässig gehorcht. Die Erziehung des Hundes sollte zwar automatisch in den Umgang mit dem Hund einfließen, das bedeutet aber, daß man sich täglich intensiv mit dem Hund beschäftigt. Von allein lernt er nicht.

Wenig Zeit hingegen verlangt die Pflege des Rottweilers. Wöchentlich gründliches Striegeln genügt, um den Hund sauberzuhalten.

Wohnort

Ein großer Hund braucht Lebensraum. Ideal ist ein Haus mit Garten, in dem sich der Rottweiler frei bewegen kann. Dabei ist darauf zu achten, daß das Grundstück sicher eingezäunt ist, damit der Hund keine Schäden an Personen, anderen Tieren oder fremdem Eigentum anrichten und keine Unfälle verursachen kann. Eine Haltung in der Stadt oder einer Etagenwohnung ist abzulehnen, denn der erforderliche Auslauf für den Hund ist mit erheblichem Aufwand verbunden, den der Besitzer erfahrungsgemäß auf die Dauer regelmäßig nicht zu erbringen bereit ist.

Selbst wenn Sie Haus und Garten haben, entbindet Sie das nicht der Pflicht, mit dem Hund spazieren zu gehen. Alleine befriedigt er sein notwendiges Laufpensum auch in einem großen Garten nicht. Im übrigen sind die dicken Haufen eines ausgewachsenen Rottweilers keine Zierde auf dem Rasen. Und wenn Sie Ihren gepflegten Garten lieben, sollte sich der Hund nicht vor Langeweile genötigt sehen, eine Umgestaltung in Angriff zu nehmen. Die Spaziergänge sind ein wesentlicher Bestandteil des gemeinsamen Lebens.

Wenn Sie zur Miete wohnen, klären Sie unbedingt mit dem Vermieter ab, ob Sie überhaupt einen Hund halten dürfen und sprechen Sie mit den anderen Mitbewohnern, um späterem Ärger vorzubeugen.

Kosten

Ein Welpe aus einer guten Zucht ist nicht billig. Aber bei den Anschaffungskosten zu sparen, ist ein Risiko, denn gerade einen Rottweiler sollte man nur bei einem anerkannten Züchter erwerben, um sich Ärger und Enttäuschungen zu ersparen. Schließlich sind die Anschaffungskosten im Vergleich zu den laufenden Kosten relativ gering. Ein Hund von der Größe eines Rottweilers braucht hochwertige Nahrung. Halsband, Leine, Striegel, Futternäpfe usw. kosten ebenfalls Geld. Jeder gesunde Hund muß regelmäßige Impfungen gegen die verbreiteten Hundekrankheiten und Wurmkuren erhalten. Natürlich kann Ihr Hund einmal krank werden und sich verletzen. Solche Behandlungen kosten sehr viel Geld! Die Hundesteuer ist mancherorts empfindlich hoch. Eine Hundehaftpflichtversicherung muß unbedingt abgeschlossen werden. Es lohnt sich, Preise einzuholen und durchzurechnen, ob man bereit ist, diese Kosten auf Jahre auf sich zu nehmen.

Kind und Hund

Fragen Sie einen Rottweilerbesitzer nach Rottweilern und Kindern! Alle werden bestätigen, daß der Rottweiler Kinder liebt. Der sonst recht ungestüme Hund zeigt kleinen Kindern gegenüber eine erstaunliche Behutsamkeit, Zärtlichkeit und Geduld. Es gibt kaum einen zuverlässigeren Beschützer.

Dennoch sind gewisse Vorsichtsmaßnahmen zu beachten. Es gibt Hunde, die alle Kinder lieben und solche, die nur die „eigenen" dulden. Fremde Kinder sind deshalb stets mit Vorsicht an den Hund heranzuführen. Niemals darf man dulden, daß Kinder einen Hund bedrängen, der auszuweichen versucht. Hunde brauchen immer eine Fluchtmöglichkeit; in die Enge getrieben, werden sie sich mit dem Gebiß zu wehren wissen. Selbstverständlich haben Kinder nichts am Futternapf zu suchen. Ganz kleine Kinder *können* zwar Narrenfreiheit genießen, wie kleine Welpen auch, aber sie wachsen heran, und der Hund wird sie als seinesgleichen betrachten, erziehen, wo es ihm nötig erscheint, und seinen Rang bewahren, denn er sieht im Kind ein rangniederes Familienmitglied. Achten Sie darauf, daß der Hund seine Schlaf- und Ruhezeiten bekommt und nicht endlos von den Kindern gegängelt wird.

Keinesfalls ist der Rottweiler ein Kinderhund! Soll das Kind die Verantwortung für „seinen" Hund tragen, dann ist es mit einem Rottweiler überfordert. Der starke, temperamentvolle Rottweiler braucht eine konsequente Führung, die kein Kind bieten kann!

Obwohl der Rottweiler als großer Kinderfreund gilt, so muß das Auge der Eltern stets über beiden wachen!

Auch wenn der Hund nie Böses im Sinn hat, so kann es doch Verständigungsschwierigkeiten zwischen dem Menschenkind und dem Hund geben. Der Hund reagiert, wie er es einem Welpen oder Junghund gegenüber tun würde. „Seine Hände" sind die starken Kiefer – ein erzieherisches Schnappen kann für ein Kind böse Folgen haben. Deshalb müssen die Eltern die Hundepsyche verstehen, die Handlungsweisen des Tieres einschätzen und kritische Situationen vorab erkennen und zu vermeiden suchen. Niemals läßt man das Krabbelkind mit dem Hund um einen Knochen balgen! Man muß dem Hund den Umgang mit dem verletzlichen Geschöpf genauso beibringen, wie man dem Kind klarmachen muß, wann es den Hund nicht belästigen darf. Wer Kleinkinder im Hause hat, muß den Zeitfaktor der Hundehaltung erheblich ausdehnen!

Erlauben Sie niemals spielenden Kindern, in Gegenwart des Hundes zu streiten oder zu raufen. Hunde verstehen keinen Spaß und greifen in jede Rangelei mit ein, was zu schlimmen Unfällen führen kann.

Hund und Hygiene

Es gibt Parasiten und Krankheiten, die vom Hund auf den Menschen übertragen werden können. Das kommt aber außerordentlich selten vor. Wichtig ist, daß man den Hund gut pflegt, Schlafstatt und Futternäpfe stets sauberhält und seine Hinterlassenschaften sofort gründlich entfernt. Achten Sie darauf, daß die Impfungen stets pünktlich wiederholt werden und der Hund regelmäßig auf Darmparasiten untersucht wird. Das gilt insbesondere, wenn kleine Kinder im Hause sind. Lassen Sie regelmäßig Kotproben vom Tierarzt auf Würmer untersuchen, um notfalls die richtigen Bekämpfungsmaßnahmen ergreifen zu können, über die Sie der Tierarzt informiert. Es sollte stets selbstverständlich sein, daß man sich vor dem Essen gründlich die Hände wäscht.

Rüde oder Hündin

Hunde haben ein sehr ausgeprägtes Geschlechtsleben, sowohl der Rüde als auch die Hündin. Hündinnen werden in der Regel alle sechs Monate „heiß“ oder läufig. Die Brunftzeit zeigt sich durch blutigen Ausfluß aus der Scheide, die außerdem stark anschwillt. Um den 10.–14. Tag hat die Schwellung ihren Höhepunkt überschritten, und der Ausfluß ist fleischwasserfarben. Ein böser Irrtum zu glauben, daß nun alles vorbei sei! Im Gegenteil, jetzt ist die Hündin empfängnisbereit und stellt sich dem Rüden. Das bedeutet, daß wir unsere Hündin zweimal im Jahr gut drei Wochen lang unter Verschluß halten müssen, denn man weiß nie so genau, wann die Hündin tatsächlich deckbereit ist. Das kann schon am 8. Tag, aber auch noch am 21. sein! Vorsicht ist deshalb angebracht, wenn man Nachwuchs vermeiden will. Hündinnen und Rüden sind sehr erfinderisch, wenn die Liebe ruft.

Vor und während der Hitze macht die Hündin viel öfter Bächlein. Das sind die Duftfahnen, die sie steckt, damit nur ja kein Rüde ihre Einladung verpaßt. Diesen für uns nicht wahrnehmbaren, für Rüden jedoch so verheißungsvollen Duft kann man mit einem Spezialspray oder Chlorophylltabletten (bitte genau nach Gebrauchsanleitung verwenden und vor Unbefugten sicher aufbewahren) unterbinden. Die Hündin duftet zwar nicht mehr, aber die Rüden sind durchaus in der Lage, die Gebärdensprache der Hündin zu verstehen und immer bereit, einen Versuch zu wagen. Unangenehm sind die Blutspuren, die die Hündin hinterläßt. Manche Hündinnen sind peinlich sauber, und man bemerkt die Hitze kaum. Anderen kann man ein Spezialhöschen anziehen.

Vom Tierarzt verabreichte Spritzen zur Verhütung der Hitze bedeuten einen starken Eingriff in den Hormonhaushalt der Hündin, was gesundheitliche Nachteile mit sich bringen kann und daher abzulehnen ist. Die Spritze zur Abtreibung nach einem unerwünschten Deckackt macht die Sache nicht einfacher: Die Läufigkeit beginnt unmittelbar von vorne!

Letztlich bleibt noch die Möglichkeit der Kastration, aber man weiß nie genau, wie das Tier darauf reagiert. Die beste Lösung ist, in den kritischen Tagen die Hündin ständig zu beaufsichtigen und auf ausgedehnte Spaziergänge zu verzichten.

Rüden sind das ganze Jahr über an Hündinnen interessiert. Wenn in der Nachbarschaft einige Hündinnen leben, ist der Rüde bei jeder Hitze liebeskrank, frißt nicht, winselt und weint an der Haustür und hat nur noch eines im Sinn: Hinaus zur Angebeteten! Und das ist nicht minder unangenehm als die Hitze der Hündin.

Es macht daher Sinn zu überlegen, ob mehr Rüden oder mehr Hündinnen in der Umgebung wohnen. Wesensmäßig ist die Hündin in der Regel etwas zärtlicher, anschmiegsamer, leichter zu handhaben und körperlich kleiner als der Rüde. Es gibt natürlich auch unter den „Männern" ausgesprochene „Schmusebacken", doch meistens ist es der Rüde, der mit seinem Herrn um die Führung im Rudel = Familie rangelt und konsequenter in seine Schranken verwiesen werden muß als die Hündin. Beide sind gleichermaßen zuverlässige Wach- und Schutzhunde. Einer Familie mit Kindern würde ich eine ruhige, sanftmütige Hündin empfehlen.

Wer mit seinem Hund wettkampfmäßig auf Schutzhundprüfungen arbeiten will, sollte lieber einen Rüden wählen. In der Regel ist er kampfstärker als die Hündin, und die Hündin darf während der Hitze nicht auf den Übungsplatz. Nach meiner Erfahrung sind Hündinnen schon Wochen vor der Hitze über die Maßen sensibel und unaufmerksam, so daß die Ausfallzeiten noch länger dauern können.

Hund und Urlaub

Schon vor der Anschaffung sollte die Urlaubsfrage geklärt sein. Der Rottweiler ist nun einmal ein allgemein gefürchteter, großer Hund, der nicht überall willkommen ist. Lange Fahrten, heißes Klima, lange Aufenthalte im Hotelzimmer sind ohnehin nichts für den Hund. Wer seinen Hund mitnehmen will, muß ein hundgerechtes Urlaubsziel wählen, wo der Hund viel laufen kann.

Wer das nicht will, sollte abklären, ob ein Familienmitglied als Urlaubspate infrage kommt. Doch einen fremden, ausgewachsenen Rottweiler zu übernehmen, ist nicht jedermanns Sache. Am sichersten wäre eine Hundepension, die allerdings nicht billig ist. Fragen Sie den Züchter, ob er seine Hunde in Urlaubspflege nimmt, oder finden Sie einen befreundeten Hundebesitzer, mit dessen Vierbeiner Ihr Hund sich gut versteht und der zum Urlaubsaustausch bereit ist.

Wollen Sie den Hund mitnehmen, klären Sie vorher in Hotel, Ferienhaus oder auf dem Campingplatz, ob Hunde willkommen sind und melden Sie Ihren Hund in jedem Fall vorher an, um Überraschungen zu vermeiden.

Zwei Rottweiler

Wer Platz und Freude an den Tieren oder ein größeres Anwesen zu bewachen hat, liebäugelt vielleicht mit einem zweiten Rottweiler. Davon ist generell abzuraten. Bei gleichgeschlechtlichen Hunden muß man früher oder später mit Rangordnungskämpfen rechnen, die zu lebenslangen Fehden ausarten können. Ein Pärchen wird zum Problem, wenn die Hündin läufig ist, denn der Rüde kann unangenehm aggressiv werden, wenn er seine Hündin verteidigt. Abgesehen davon bilden zwei Hunde ein Rudel. Wenn beide Hunde nicht absolut zuverlässig gehorchen und ihren Herrn bedingungslos als solchen anerkennen, können sie gefährlich werden, sollte es zu einer Auseinandersetzung kommen. Zwei Hunde zu erziehen ist keine leichte, sondern eine sehr aufwendige Aufgabe, der nur ein wirklich erfahrener Hundehalter gewachsen ist. Zwei solch große Hunde in der Familie bedeuten eine völlige Umstellung der Lebensgewohnheiten.

▷ Zwei stolze Rüden, denen es Freude macht zu gehorchen.

Die Anschaffung

Sie haben das Für und Wider der Hundehaltung durchdacht, die Familie ist sich einig, daß ein Rottweiler angeschafft werden soll. Nun beginnt das schwierigste und wichtigste Kapitel für jeden angehenden Hundehalter. Woher bekomme ich den für mich passenden Gefährten für die nächsten 10 bis 12 Jahre? Auch wenn sich alle Tiere einer Rasse recht ähnlich sehen, so ist eine Rassebezeichnung kein Markenzeichen, bei dem es gilt, den billigsten Anbieter herauszufinden und dennoch eine qualitativ gleichwertige Ware zu bekommen. Hunde, auch Rassehunde, sind Lebewesen, bei denen man zwar aufgrund der jahrzehntelangen Auslese des Menschen gewisse äußerliche und charakterliche Merkmale voraussetzen darf, die aber immer noch große Unterschiede aufweisen, besonders was das Wesen betrifft. Es wird nie gelingen, den Charakter der Hunde ebenso reinerbig zu züchten wie ihre Fellfarbe oder Zeichnung. Das ist auch gut so, denn nur so haben wir die Wahl, uns innerhalb einer Rasse, ja selbst innerhalb eines Wurfes, noch Tiere auszusuchen, die charakterlich zu uns passen.

Wichtig ist deshalb, daß man genau weiß, was man will, und ob dies auch vernünftig ist. Auf den ersten Blick mögen manche Eigenschaften imponieren, z. B. das männliche Gehabe eines ausgewachsenen, selbstbewußten Rüden. Daß ein solcher Hund aber unendlich viel Streß bedeuten kann, darf man nicht vergessen. Da schwindet schnell die Freude, und der Hund wandert ins Tierheim! Man sollte deshalb vernünftig nachdenken, mit welchen Eigenschaften man leben will oder kann und welche unerträglich werden könnten. Eine genaue, realistische Vorstellung hilft ungemein bei der Suche nach dem richtigen Hund.

Das richtige Alter

Ich empfehle, einen Welpen aus einer guten Zucht zu kaufen. Der Züchter wird helfen, den richtigen Welpen für Sie zu finden und Ihnen seine Erfahrung mit der Rasse gerne auch in Zukunft zur Verfügung stellen. Vorsicht ist unbedingt angebracht, wenn ältere Tiere angeboten werden. Es könnte sein, daß ein Hundesportler mit den Leistungen des Hundes nicht zufrieden war und ihn deshalb abstößt. Ein solcher Hund wurde vermutlich nicht seinem Wesen entsprechend ausgebildet und gefördert und ist mit großer Wahrscheinlichkeit ein Problemhund, der nur in die Hände erfahrener Hundekenner gehört. Es kann sein, daß ein Züchter ein zur Zucht nicht geeignetes Tier abgibt. Das kann durchaus ein guter Familienhund werden, sofern er bisher viel Kontakt zum Menschen hatte. Einen erwachsenen Hund zu übernehmen, erfordert genaue Kenntnisse der Lebensumstände des Hundes und seiner bisherigen Besitzer. Den Welpen allerdings können Sie nach Ihrem Belieben erziehen und eingewöhnen. Das ist ganz besonders wichtig, wenn Kinder im Hause sind.

Wo bekommt man einen Rottweiler?

Einen erwachsenen Rottweiler oder Rottweilermischling aus dem Tierheim zu befreien, ist sicherlich eine gut gemeinte Tat. Aber nur wer mit Hunden große Erfahrung hat, sollte dieses Wagnis eingehen, denn es gab wahrscheinlich einen guten Grund, warum der Hund im Tierheim landete. Vermutlich war ein Fehlverhalten des Hundes die Ursache, wenn dem Hund auch keine Schuld daran zuzuschreiben ist, sondern sein Vorbesitzer entscheidende Fehler gemacht hat.

Der Rottweiler ist eine beliebte, leichtverkäufliche Rasse. Welpen werden in allen Tierbörsen der Tageszeitungen angeboten. Züchter ist aber nicht gleich Züchter. Wer seine Sache ernst nimmt, ist Mitglied des Allgemeinen Deutschen Rottweiler-Klubs (ADRK e. V.) und erfüllt mit seinen Zuchttieren die dort verlangten Auflagen wie z. B. die Vorlage tierärztlicher Atteste bezüglich der gefürchteten Hüftgelenksdysplasie, Zuchttauglichkeitsprüfungen, Leistungsprüfungen und Schönheitsbewertungen. Das alles kostet Geld und ist sehr aufwendig.

Es gibt leider verantwortungslose Züchter, die diesen Anforderungen nicht gerecht werden und somit den schlechten Ruf der Rasse begründen. Es werden nämlich nicht nur gesundheitlich minderwertige Tiere vermehrt, sondern auch solche mit gravierenden Wesensfehlern. Oft werden solche Hunde „ohne Papiere" billiger angeboten, oder sie besitzen Ahnentafeln, die nicht vom ADRK ausgestellt wurden. „Papiere" kosten den Züchter nur eine geringe Bearbeitungsgebühr. Teuer sind die Anforderungen, die an die Zuchthunde gestellt werden, damit deren Nachzucht in das Zuchtbuch des ADRK eingetragen werden kann. Die Ahnentafel ist nur ein Auszug aus diesem Stammbuch.

Deshalb ist beim Kauf unbedingt darauf zu achten, daß die Welpen eine vom ADRK ausgestellte Ahnentafel besitzen. Aber auch diese ist kein Garantieschein für einen lebenslang gesunden, einwandfreien Hund, denn Tiere sind Lebewesen. Kein Mensch kann vorhersehen, welche Mängel im Erbgut versteckt durch eine unglückliche Verbindung auftreten können. Der verantwortungsvolle Züchter jedoch setzt nur einwandfreie Tiere zur Zucht ein, deren Vorfahren er ebenfalls kennt, um das Risiko solcher Fehlschläge zu vermindern. Die Chancen stehen sehr viel besser, einen gesunden, gut aufgezogenen Hund zu bekommen, der Ihnen viele Jahre lang Freude bereiten wird.

Am besten besorgen Sie sich beim ADRK (Adresse s. „Wichtige Anschriften") einen Züchternachweis aus Ihrer Umgebung und erkundigen sich nach Übungsplätzen des ADRK. Nehmen Sie sich viel Zeit und besuchen Sie Ausstellungen, Zuchtveranstaltungen, Prüfungen und den normalen Übungsbetrieb, wo Sie viele verschiedene Rottweiler und

Rottweiler-Hündin mit Jungen, von denen eines gerade auf Entdeckungstour geht.

deren Züchter kennenlernen. Sie werden schnell herausfinden, daß Ihnen bestimmte Tiere besonders zusagen, sowohl vom Aussehen als auch vom Charakter her, und welche Züchter Ihnen sympathisch sind und vertrauenswürdig erscheinen. Wählen Sie den Züchter, dessen Hundehaltung und Umgang mit den Hunden Ihrer Vorstellung entsprechen.

Züchter haben unterschiedliche Zuchtziele. Die einen streben die Vervollkommnung des Typs an, andere wollen den reinen Sporthund. Suchen Sie einen Familienhund und wollen keinen Hundesport betreiben, sollten Sie keinen Rüdenwelpen bei einem Züchter kaufen, dessen Hauptaugenmerk auf kampfstarke Schutzhunde gerichtet ist. Die Wahrscheinlichkeit ist groß, einen selbstbewußten, harten Hund zu bekommen, den Sie nur mit Mühe erziehen können. Suchen Sie sich einen Züchter, dessen Welpen im Kreise der Familie aufwachsen und Kinder kennen.

Beobachten Sie genau, welches Verhältnis der Züchter zu seinen Hunden hat: Ob sie sich freuen, wenn er kommt, Gleichgültigkeit zeigen, oder ob sie Angst vor ihm haben, ob er die Liebesbezeugungen seiner Hunde mürrisch übergeht oder ein freundliches Wort für jeden hat. Das Verhältnis des Züchters zu seinen Hunden sollte liebevoll, aber auch fest sein. Natürlich wird die Meute wütend bellen, wenn Sie als Fremder auf das Grundstück kommen, aber in Gegenwart des Züchters müssen sie sich neutral bis freundlich verhalten. Wird der Züchter nur mit Mühe mit einem aggressiven Rüden fertig oder prahlt er geradezu damit, wie gefährlich seine Hunde sind, dann suchen Sie sich einen anderen! Lediglich der Mutterhündin sollte man einen gewissen Unmut zugestehen, wenn sich Fremde ihren Kindern nähern.

Wenn Ihr Hauptziel der Hundesport ist, werden Sie natürlich lieber bei einem Züchter kaufen, der schon viele erfolgreiche Schutzhunde hervorgebracht hat. Bei einem Züchter, der gerade die nötigen Schutzhundprüfungen für die Zuchtzulassung ablegt und dafür mehr Wert auf Ausstellungsprädikate legt, könnten die ausgezeichneten Sporthunde etwas dünner gesät sein. Dafür kann Ihnen dieser Züchter vielleicht einen hervorragenden Familienhund bieten. Auch dieser wird Sie im Ernstfall schützen, denn ein nervlich gesunder Rottweiler läßt Sie nie im Stich! Das braucht er auch nicht auf Übungsplätzen zu lernen.

Nur wenn Sie mehrere Züchter kennengelernt haben, können Sie sich eine Meinung bilden, wie man Hunde züchtet und mit ihnen umgeht. Wählen Sie dort Ihren Welpen, wo Ihnen die Menschen und die Hunde zusagen.

Es ist immer ein gutes Zeichen, wenn man Ihnen stolz ein paar gutgepflegte Althunde zeigen kann. Selbstverständlich müssen die Hunde Familienanschluß haben, wenn auch verständlicherweise die Welpen in einem Zwinger untergebracht sind. Diese Zwingeranlagen, Haus und Auslauf, müssen sauber und vom Züchter und seiner Familie jederzeit von der Wohnung aus bequem zu erreichen sein. Niemals sollten Sie dort kaufen, wo Hunde einsam in Schrebergärten, auf Fabrikgeländen, in großen Zwingeranlagen etc. leben. Welpen brauchen früh Kontakt zu verschiedenen Menschen und allen möglichen Umwelteinflüssen. Sie haben einen viel besseren Start, wenn sie dies nicht alles erst im neuen Heim lernen müssen. Ihr Gehirn muß schon sehr früh daran gewöhnt werden, Streß zu verarbeiten. Dieser Gesichtspunkt ist außerordentlich wichtig!

Die Auswahl des Welpen

Vereinbaren Sie einen Besuchstermin beim Züchter, wenn die Welpen wenigsten sechs Wochen alt sind. Gesunde Welpen sind sauber und wollig anzufassen, die Fellchen sind weder verklebt oder schuppig, noch stinken die Tierchen. Sich ständig kratzende Welpen lassen auf Ungezieferbefall schließen. Prüfen Sie sorgfältig die Haut unter dem wolligen Pelz. Sie muß rein und sauber sein. Die Näschen sind schwarz und feucht und zeigen keinen Ausfluß. Die Augen dürfen nicht tränen (auf eingerollte Augenlider achten = Entropium, was eine spätere Operation erforderlich macht), die Welpen dürfen keinesfalls husten oder kotverschmierte Hinterteilchen haben. Sie sind kräftig mit starken Knochen, doch nicht schwammig und aufgebläht, was auf mangelhafte Ernährung oder starken Wurmbefall hindeuten würde. Die Beinchen sind gerade und fest.

Nehmen Sie sich Zeit für die Beobachtung der Welpen, denn es kann sein, daß Sie gerade in einer Schlafperiode kommen und sich einem Haufen regloser Welpen gegenübersehen. Warten Sie, bis alle wach und spielfreudig sind. Jetzt kann man schon sehr schön die einzelnen Charaktere beobachten. Der putzige kleine Bengel, der knurrend und flet-

Welchen der beiden soll man denn nun auswählen?

schend seine Geschwister terrorisiert, wirkt zwar sehr reizend, wird aber als erwachsener Hund höchstwahrscheinlich ein ebensolches Durchsetzungsvermögen an den Tag legen. Sind Sie dem gewachsen? Dieser Hund braucht eine strenge und konsequente Führung. Für ältere Leute ist sicherlich der ruhige, etwas zurückhaltende Welpe sinnvoll. Die lebhafte Familie mit Kindern sollte den fröhlich aufgeschlossenen Welpen, der sofort Freundschaft schließen möchte, wählen.

Lassen Sie sich nicht von Gefühlen leiten, überlegen Sie gut, welcher Hund für Ihre Verhältnisse sinnvoll ist und wählen entsprechend aus. Der Züchter wird Ihnen gerne helfen, denn wenn ihm am Wohl seiner sorgfältig aufgezogenen Welpen liegt, hat er größtes Interesse daran, sie in die richtigen Hände zu vermitteln, damit sie nicht eines Tages zurückgebracht werden oder im Tierheim landen. Nehmen Sie niemals aus Mitleid den kleinen, ängstlichen Kerl, der sich in einer Ecke verdrückt. Er könnte angeborene Wesensmängel haben und ein Problemhund werden. Beobachten Sie ihn fern von seinen Geschwistern. Wenn er auftaut und keine Angst zeigt, könnte er nur der Prügelknabe seiner stärkeren Geschwister sein und für Sie ein guter Familienhund werden.

Welpen dürfen frühestens im Alter von acht Wochen und geimpft abgegeben werden. Versichern Sie sich, daß die Welpen beim ADRK ordnungsgemäß zur Eintragung gemeldet wurden und beide Eltern keine Hüftgelenksdysplasie haben. Lassen Sie sich im Zweifelsfall die Adresse des zuständigen Zuchtwarts geben, oder fragen Sie bei der Zuchtbuchstelle des ADRK nach. Grundsätzlich gehört die Ahnentafel zum Hund. Ein Züchter des ADRK darf keinen Welpen ohne Papiere verkaufen.

Hausgenosse Rottweiler

Schlaf- und Eßplatz in der Wohnung

Vermutlich schätzen Sie Ihren Rottweiler als Wach- und Schutzhund. Die Wohnung aber bewacht er nur, wenn er darin lebt. Er braucht deshalb einen festen, ihm alleine gehörenden Platz im Haus, von dem aus er das Familienleben beobachten und dennoch ungestört von Kindern und dem üblichen Haushaltsumtrieb schlafen kann.

Hunde, denen diese Ruhe fehlt werden hektisch, nervös, kläffen und entwickeln sich weniger gut. Am besten eignet sich eine Ecke in einiger Entfernung von der Heizung. Eine

Holzverkleidung wirkt wohnlich und verschmutzt nicht so rasch wie Tapete. Als Unterlage eignet sich eine feste Matratze oder Matte auf einem etwa 20 cm hoch gestellten Lattenrost. Die Matratze sollte einen waschbaren Bezug haben, der öfter gewechselt werden kann. Der hochgestellte Lattenrost schützt vor Bodenzugluft und Feuchtigkeit.

Hunde möchten ungestört fressen. Wenn die Küche lebhafter Treffpunkt der Familie ist, eignen sich eventuell der Schlafplatz oder die Terrasse besser zum Aufstellen der Futterschüsseln. Da Hunde gern kleckern, empfiehlt sich eine leicht zu reinigende Unterlage.

Zwinger

Es ist ein gutes Gefühl, einen sicheren Platz für seinen Rottweiler zu haben, wenn man ihn einmal nicht um sich haben kann. Keinesfalls aber darf der Zwinger Daueraufenthaltsort sein. Zwingeranlagen kann man fertig kaufen oder selbst bauen. Dazu beachte man die Mindestanforderungen des Deutschen Tierschutzgesetzes. Der Zwinger muß für einen Hund mindestens 6 m^2 groß sein. Ideal ist ein überdachter Schutzraum mit einem Holzboden, der etwa 30 cm über dem Boden steht, um Bodenkälte und -feuchtigkeit abzuhalten. Außerdem sollte der Schutzraum an drei Seiten geschlossen und nach der windabgewandten Seite zum Auslauf hin offen sein. Im Sommer muß für Schatten gesorgt sein. Achten Sie darauf, daß der Zwinger nicht an der Straße oder so am Nachbargrundstück aufgebaut wird, daß Fremde den Hund ärgern können. Dann wird das Zwingerleben für den Hund zur Qual, und sein fortwährendes Bellen verärgert die Nachbarn.

Im Schutzraum steht die Hütte, die so groß sein sollte, daß der Hund darin aufrecht stehen und sich im Liegen strecken kann. Zu groß darf sie allerdings nicht sein, sonst kann der Hund sie nicht durch seine eigene Körperwärme beheizen. Wichtig sind ein gut isolierter Boden und isolierte Doppelwände. Als Einstreu eignet sich Stroh, das oft gewechselt wird. Der Auslauf sollte so groß wie möglich sein, vorzugsweise langrechteckig, um dem Hund lange Laufbahnen zu bieten. Am besten betoniert man die „Laufbahnen“ des Hundes am Zwingerzaun entlang. Erstens tritt er dann keine tiefen Matschpfade, und er stärkt die Pfoten auf dem harten Untergrund. Der Naturboden im Auslaufinnern kann bleiben. Der Boden verläuft leicht abschüssig, damit Nässe abfließen kann. Der gesamte Zwinger muß etwa 2 m hoch mit festem Gitter eingezäunt sein, damit der Hund nicht hinausspringen oder klettern kann. Normaler Maschendraht bietet starken Rottweilerpfoten wenig Widerstand. Die Umzäunung sollte etwa 20 cm tief in den Boden eingelassen sein (am besten Betonsockel), um ein Darunterhergraben zu unterbinden.

Im Auslauf kann man einen Kotplatz einrichten, denn Hunde ziehen meist einen bestimmten Löseplatz vor. Man legt eine Art Sandkasten an. Kot kann dort mühelos entfernt werden, der Sand wird öfter abgegraben und erneuert, so daß sich keine Wurmeier einnisten können. Am besten ist es jedoch, wenn der Hund gar nicht erst lernt, sich auf dem eigenen Grundstück zu lösen, sondern dies bei den regelmäßigen Spaziergängen erledigen kann. Wenn man das aber nicht gewährleistet, ist ein ordentlich angelegter Kotplatz sicherlich eine praktische Lösung.

Vergessen Sie nie: **Der Zwinger darf dem Hund nur vorübergehender Aufenthaltsort sein, er wird sonst zum Gefängnis für Ihren besten Freund!** Falls er aber zu bestimmten Zeiten dort untergebracht wird und reichlich Spielzeug, einen großen Ast, einen tiefhängenden Autoreifen, einen dicken Büffelhautknochen und gar eine „Felsenburg“ als erhöhten Beobachtungsplatz bekommt, wird er sowohl das Ungestörtsein als auch die Abwechslung schätzen, wenn er die Umgebung beobachten kann. Der Rottweiler fühlt sich im Sommer wie im Winter im Freien wohl, sofern die Hütte gut isoliert wurde und Schutz bietet. Bitte sperren Sie aber keinen heizungsverwöhnten Wohnungshund im Winter unverhofft in den Zwinger, dann wird er sich erkälten. Wenn Sie Ihren Hund gelegentlich im Zwinger halten müssen, dann muß er entsprechend abgehärtet sein.

Es wird auch nicht klappen, einen im Hause aufgewachsenen Hund plötzlich in den Zwinger zu stecken. Er muß schon als Welpe daran gewöhnt worden sein. Beginnen Sie von Anfang an, indem Sie ihn an den Kotplatz gewöhnen und mit ihm im Zwinger spielen. Ist er so richtig hundemüde, soll er ein kuscheliges Schlafplätzchen in der Hütte vorfinden. Auch kann man eine Mahlzeit im Zwinger reichen. Der Zwinger soll eine angenehme Erfahrung sein, er soll ihn gerne mögen und sich dort wohl fühlen. Keinesfalls darf man ihn darin einsperren oder alleine lassen – der Hund würde verzweifeln, toben und Lärm machen, und der Zwinger hätte seinen Zweck verfehlt.

Halsband und Leine

Für den kleinen Welpen besorgen wir ein Lederhalsband zum Schnallen, das genau der Halsweite angepaßt werden kann. Dazu eine einfache Leine. Dulden Sie nie, daß der Welpe an der Leine kaut, für ihn ist sie Ihr verlängerter Arm, daran hat man keinen Unmut auszulassen! Beim Junghund ab vier Monaten, der mit uns dann öfter das Haus verläßt, ist eine Halskette angebracht. Wählen Sie eine mit großen Gliedern. Sie können die Leine so einhaken, daß das Halsband stets der Halsweite des Hundes angepaßt ist, ohne daß der Junghund mit dem Kopf durchschlüpfen kann oder sich den Hals zuzieht. In fremder Umgebung, wenn der Hund möglicherweise unerwartet reagiert, kann man die Kette auf Zug nehmen. Sie zieht sich am Halse zusammen und nimmt dem Hund die Möglichkeit, sich zu befreien. Zughalsbänder sollten jedoch nicht von unerfahrenen Hundehaltern benutzt werden, um Verletzungen zu vermeiden.

Nun bekommt der Hund eine 2 m lange Lederleine, die an

Dieser Rottweiler hat sich bereits an Halsband und Leine gewöhnt.

jedem Ende einen Haken hat und auf verschiedene Längen eingestellt werden kann. Eine starke Lederleine von guter Qualität ist unerläßlich, um den Hund stets sicher im Griff zu haben und sich nicht die Hände zu verletzen, wenn der Hund plötzlich mit voller Wucht in die Leine springt.

Oft sieht man an Rottweilern das sogenannte Stachel- oder Korallenhalsband. Es handelt sich um eine Kette mit ineinandergesteckten Gliedern, deren Enden zwar abgestumpft sind, sich aber beim ziehenden Hund in Fell und Haut bohren. Durch den Schmerz soll der Hund das Ziehen unterlassen. Wenn Sie Ihren Junghund von Anfang an erziehen, brauchen Sie es nie. Es kann, richtig angewandt, bei besonders schmerzunempfindlichen und halsstarrigen Hunden jedoch zu bestimmten Erziehungsmaßnahmen nützlich sein. Keinesfalls darf es vom Hund dauernd getragen werden, denn sonst verliert es seine Wirkung. Falsch angewendet, kann es den Hund am Hals verletzen. Deshalb nur zu bestimmten erzieherischen Maßnahmen unter fachlicher Anleitung anwenden.

Der Weg ins neue Heim

Planen Sie das Abholen des Welpen so ein, daß Sie wenigstens ein Wochenende Zeit für ihn haben. Am einfachsten holt man ihn mit dem Auto ab, eine Begleitperson kümmert sich auf dem Rücksitz um den Welpen. Decken Sie sich reichlich mit Tüchern und Papiertüchern ein, falls ein „Malheur" passiert. Der Welpe sollte unmittelbar vor der Fahrt nichts fressen. Muß er sich trotzdem erbrechen oder macht ein Bächlein, räumen Sie es ohne Aufhebens weg, damit die erste Autofahrt für den Hund nicht gleich mit Streß und Ungehaltensein seiner neuen Besitzer beginnt. Steigen Sie bei längeren Fahrten öfter aus und geben dem Hund Wasser und eventuell Gelegenheit zum Lösen.

Wenn Sie den Welpen per Bahn abholen müssen, nehmen Sie ebenfalls Papiertücher, Zeitungen und etwas zu trinken mit, und wählen Sie eine verkehrsarme Zeit.

Zu Hause angekommen

Lassen Sie dem Welpen zunächst Zeit, die Umgebung zu erkunden. Neugierige Nachbarn, Verwandte und Bekannte haben heute nichts bei Ihnen zu suchen. Der Welpe soll sich liebevoll betreut, aber nicht bedrängt fühlen. Zeigen Sie ihm seinen Schlafplatz, den Eßplatz und gegebenenfalls den Zwinger. Sprechen Sie immer wieder seinen Namen, damit er ihn kennenlernt. Bieten Sie ihm eine kleine Mahlzeit an, denn er hat sicherlich Hunger. Ansonsten lassen Sie ihn in Ruhe alles beriechen und auskundschaften.

Welpen bis zum vierten und fünften Monat brauchen sehr viel Schlaf. Der Tagesablauf besteht im wesentlichen aus Fressen und Schlafen, dazwischen ein paar Spielperioden. Spaziergänge sind noch nicht angebracht. Soll Ihr Hund später auch im Zwinger untergebracht werden, lassen Sie den Welpen schon kurze Zeit dort alleine, damit er sich von Anfang an daran gewöhnt.

Die erste Nacht

Von der ersten Nacht an sollte der Welpe dort schlafen, wo er auch als erwachsener Hund schlafen soll. Wenn er Schutz- und Wachhund sein soll, darf er natürlich nicht irgendwo eingesperrt sein, sondern sollte sich relativ frei im Hause bewegen können. Damit der Welpe keinen Unfug anrichtet, wird der Schlafplatz verbarrikadiert. Es heißt nun hart bleiben, wenn er anfängt zu jammern. Wenn Sie Bedenken gegenüber den Nachbarn haben, warnen Sie sie vor und bitten um Verständnis. Am besten ist es, Sie schlafen in der unmittelbaren Nähe des Welpen oder nehmen ihn mit ans Bett, aber nur, wenn auch der erwachsene Hund im Schlafzimmer bleiben soll. Er wird auf diesem Privileg bestehen und protestieren, sobald Sie ihm die Tür weisen.

Stubenreinheit

Mit der Erziehung zur Stubenreinheit muß von Anfang an begonnen werden. Gewöhnt der Welpe sich an, irgendwo sein Geschäftchen zu verrichten, kann man es ihm nur sehr schwer abgewöhnen. Überlegen Sie im voraus, wo der Löseplatz des erwachsenen Hundes sein soll. Selbst in einem großen Garten gewöhnt man den Hund an eine ungestörte Ecke, damit er seine Häufchen nicht wahllos verteilt. Muß man mit ihm ausgehen, dürfen die Hundehäufchen andere Mitmenschen nicht stören! Der Löseplatz sollte nicht zu weit vom Haus entfernt sein, damit er rasch und bequem bei jedem Wetter zu erreichen ist. Wenn der Welpe noch nicht komplett geimpft ist, sollte das keine Stelle sein, die auch andere Hunde benutzen.

Der Welpe muß nach jedem Aufwachen und Füttern ein Geschäftchen machen. Er beginnt unruhig mit der Nase auf dem Boden zu kreisen und sucht offensichtlich ein geeignetes Plätzchen. Nehmen Sie den Welpen hoch und bringen Sie ihn an seinen Löseplatz. Im Moment vergißt er vielleicht sein Vorhaben und ist abgelenkt, aber nach ein paar Minuten wird es ihm einfallen. Hat er sein Bächlein gemacht, wird er ausgiebig gelobt. Passiert aus Unachtsamkeit doch einmal ein Mißgeschick in der Wohnung, putzt man es ohne Aufhebens weg. Nur wenn Sie den Welpen direkt bei seiner Tat ertappen, können Sie ihn schimpfend hochnehmen und auf seinem Löseplatz loben, wenn es geklappt hat. Jedes verspätete Schimpfen begreift der Welpe nicht. Man reibt die Stelle mit einem Lappen, angefeuchtet mit Essigwasser, ab, damit keine Duftspur bleibt, die den Welpen beim nächsten Mal wieder an diese Stelle zieht. Niemals tunkt man den Welpen mit der Nase in sein Geschäft und schimpft und schlägt ihn! Er versteht das nicht und wird sich das nächste Mal eine Stelle aussuchen, die Sie nicht so schnell finden.

Autofahren

Der Hund hat seinen Platz im Auto stets auf der Rückbank oder im Kombi auf der Ladefläche. Keinesfalls gehört er in den Kofferraum oder einen Hundeanhänger, in dem er ständig den Abgasen ausgesetzt ist! Wenn der Fahrer mit dem Hund alleine unterwegs ist, sollte letzterer angebunden werden, damit er bei einem eventuellen Unfall oder unbedachtem Türöffnen nicht entwischt und weitere Unfälle verursacht oder selbst zu Schaden kommt.

Immer Handtücher und Papiertücher für alle Fälle bereithalten! Nehmen Sie bei längeren Fahrten eine Wasserflasche und einen Napf mit, und machen Sie öfter Pausen, damit sich der Hund lösen und etwas trinken kann.

Niemals läßt man Hunde alleine im Auto. An warmen Tagen kann es auch ohne direkte Sonne so heiß werden, daß der Hund erstickt, selbst bei spaltbreit geöffnetem Fenster. Besorgen Sie sich ein Gitter, das im herabgedrehten Fenster festgeklemmt wird. So kann der Hund die Nase nicht rausstrecken und niemand ins Auto fassen.

Junge Hunde hebt man stets ins Auto hinein und heraus. Er darf das Auto nie ohne Kommando verlassen. Zur allgemeinen Sicherheit darf er nie herausspringen, sobald eine Tür aufgeht.

Auf Reisen

Etwa acht Wochen vor einer Auslandsreise werden die Impfungen und die Einreisebestimmungen überprüft. Man hat dann noch genug Zeit, alle Formalitäten zu erledigen. Decke, Körbchen, ein paar geliebte Spielzeuge, Futternäpfe, gewohntes Fertigfutter, Leinen, eventuell Maulkorb, Pflegeutensilien, die Zeckenzange usw. gehören ins Reisegepäck. Hunde dürfen in der Eisenbahn im Abteil mitreisen, sofern Mitreisende sich dadurch nicht gestört fühlen. Im Schlafwagen muß man das ganze Abteil mieten. Im Flugzeug reisen Hunde im Laderaum in Transportkisten.

Die Ernährung des Hundes

Hunde sind Fleischfresser. In der Natur verzehren sie kleine Beutetiere wie Mäuse und Kaninchen mit Haut und Haar, Knochen und allen Innereien. Bei großen Beutetieren fressen sie zunächst die Innereien, dann das Muskelfleisch, zuletzt Haut und Knochen. Damit bekommen sie alle Nährstoffe, die der Körper braucht. Bei genauerem Hinsehen ist das aber nicht nur Fleisch, denn in den Innereien befinden sich pflanzliche Nahrungsreste der Beutetiere. Der Hund braucht demnach neben dem Fleisch auch pflanzliche Kost.

Der Körper benötigt zum Aufbau der Muskeln, von Haut und Haaren Eiweiß, das hauptsächlich in allen Sorten Fleisch, Fisch, Quark und anderen Milchprodukten, Ei, aber auch in Pflanzen wie Sojabohnen, enthalten ist. Fett und Getreidekost sind in erster Linie Energielieferanten.

Selbstzubereitetes Futter

Das Hundefutter muß abwechslungsreich sein, um alle Nährstoffe, Vitamine und Mineralstoffe zu liefern. Das bedeutet, daß verschiedene Sorten Fleisch gefüttert werden müssen. Jegliches Fleisch wird wegen des Erregers der für Hunde meist tödlich verlaufenden Aujeszkyschen Krankheit nur gekocht gefüttert. Schweinefleisch gehört nicht in den Futternapf! Wildfleisch nur geben, wenn es für den menschlichen Verzehr freigegeben ist. Geflügel wegen der Salmonellengefahr gründlich durchkochen! Bei gekochtem Geflügel und Kaninchen die Knochen entfernen.

Schneiden Sie nicht alles Fett vom Fleisch ab, der Hund braucht es als Energielieferant, und es gibt sogenannte fettlösliche Vitamine, die nur mit Fett wirken können. Günstig: Vermischen Sie verschiedene, klein geschnittene Fleischsorten und frieren Sie sie portionsweise ein.

Futter stets vollkommen auftauen und immer handwarm reichen, selbst Kühlschranktemperatur ist zu kalt und verursacht Durchfall. Auch Fisch (dünsten, da er roh zu Durchfall führt) ist gesund für den Hund. Quark und Hühnereier sind ebenfalls wertvolle Eiweißquellen. Vorsicht: das Eigelb darf roh, das Eiklar nur gekocht gefüttert werden. Bei Salmonellengefahr das Ei ganz kochen!

Zum Fleisch gibt man gekochte Getreideprodukte wie Reis (am besten ungeschält), Nudeln, Graupen, Haferflocken oder eine fertige Flockenbeikost, die allerdings nicht gekocht wird

(beim Einkauf darauf achten, daß auf der Packung deutlich von Beifütterung und nicht von Vollnahrung die Rede ist. Vollnahrung enthält Eiweiß, und zu viel ist für den Hund schädlich!)

Gemüse (außer den blähenden Kohlsorten) gibt man roh oder überbrüht und im Mixer püriert unters Futter, ebenso Petersilie, Zwiebel oder Knoblauch. Täglich geriebener roher Apfel im Futter ist sehr gesund.

Bei selbst zubereiteter Kost muß ein Kalzium-Vitamin-Präparat nach Gebrauchsanweisung gegeben werden (vor Unbefugten fernhalten!), ebenso gehört eine Prise Salz ins Futter.

Beim wachsenden und sportlich aktiven Hund besteht das Futter aus ⅔ Eiweißnahrung (Fleisch, Fisch, Quark usw.) und ⅓ Beikost. Erwachsene Hunde mit normaler Belastung bekommen ⅓ Fleisch und ⅔ Beikost.

Fertigfutter

Das Angebot an Fertigfutter ist riesig, am besten probiert man aus, was der Hund gerne mag und wie es ihm bekommt. Wichtig ist, daß man sich an die Gebrauchsanleitung auf der Packung hält und nichts hinzufüttert.

Ausnahme ist Fett, weil die Trockenfutter aus Haltbarkeitsgründen oft fettarm sind. Bei Trockenfutter gibt man je nach Größe des Hundes täglich etwas kaltgepreßtes Färberdistelöl übers Futter.

Achtung: Auch die Inhaltsstoffe sämtlicher Leckerchen, Hundedrops, Hundekuchen etc. müssen in den täglichen Nahrungsbedarf des Hundes eingerechnet werden! denn zusätzlich gegeben, zerstören sie die ausgewogene Kost und führen zu Beschwerden.

Wasser

ist ein wertvolles Nahrungsmittel. Es muß dem Hund immer frisch zur Verfügung stehen, insbesondere, wenn er Trockenfutter bekommt (selbst wenn es eingeweicht wurde)!

Wieviel bekommt der Hund?

Welpen sollten grundsätzlich so viel fressen, wie sie mögen. Der acht bis zwölf Wochen alte Welpe bekommt vier Mahlzeiten am Tag. Allmählich läßt der junge Hund die eine oder andere Mahlzeit ausfallen und pendelt sich meist von alleine auf drei Mahlzeiten vom vierten bis siebten Monat, auf zwei vom achten bis zwölften Monat ein.

Vorsicht vor Überfütterung! Übergewicht beeinträchtigt die Entwicklung der Muskulatur, Sehnen und Knochen, was später beim erwachsenen Hund zu krankhaften Skelettveränderungen führen kann und für viele Rottweiler den verfrühten Tod bedeutet.

Der erwachsene Hund bekommt so viel Futter, daß er weder zu dünn noch zu dick wird. Man sollte die Rippen bei genauem Hinfühlen gerade noch unter einer dünnen Fleischschicht spüren. Wird der Hund zu dick, überlegen Sie zunächst, ob er ausreichend Bewegung bekommt, ehe die Ration gekürzt wird!

Wichtig ist, daß die Mahlzeiten immer zur gleichen Zeit gereicht werden, denn der Hundemagen gewöhnt sich daran. So hat man auch eine gute Kontrolle darüber, wann sich der Hund lösen muß. Mit den entsprechenden Futterzeiten kann man das sogar ein wenig vorplanen!

Futterplan für einen Welpen ab der achten Woche

Die Menge wird allmählich mit dem Alter gesteigert, man muß sie je nach Bedarf des Hundes ausprobieren. Der Welpe soll zügig fressen und satt sein und trotzdem bei der nächsten Mahlzeit wieder mit Appetit zulangen!

Morgens: Getreidebrei mit Welpenaufzuchtmilch (keine Kuhmilch), Yoghurt, Sauermilch oder Quark und im Mixer

---

▷ Ruhe nach dem Fressen ist eine Regel, die auch bei einem Rottweiler stets zu beachten ist.

pürierter Apfel (mit Schale) und Möhre oder Gemüse, etwas Honig, Bier- oder Bäckerhefe.

Später Vormittag: Gekochtes Fleisch in so groben Stükken, daß sie der Welpe mit den Zähnen zerkleinern kann. Kalzium-Vitaminpräparat (Nach Gebrauchsanleitung verwenden! Vor dem Zugriff Unbefugter sichern!) und eine Prise Jod- oder Meersalz hinzugeben.

Nachmittags: Gründlich eingeweichtes und aufgequollenes Fertig-Trockenfutter.

Abends: Fleischmahlzeit wie mittags.

Der erwachsene Hund bekommt seine Hauptmahlzeit mit Fleisch abends, morgens eine Getreide-Gemüse-Mahlzeit, Butterbrot oder Hundekuchen. Da der Welpe schon Fertigfutter kennengelernt hat, kann die Umstellung nach gut einem halben Jahr allmählich erfolgen, wenn man das möchte.

Das sollte man noch wissen:

Essensreste sind kein Hundefutter.

Milch können erwachsene Hunde wegen des Milchzuckergehalts (Laktose) nicht verdauen und bekommen davon Durchfall. Gesäuerte Milchprodukte wie Quark, Joghurt, Kefir, Buttermilch, Hüttenkäse usw. sind gesund und bekömmlich.

Käse ist für viele Hunde ein Leckerbissen und eignet sich als Belohnungshäppchen.

Futterreste werden weggeworfen, da sie rasch säuern und zu Magenverstimmungen führen. Nach jeder Mahlzeit wird der Futternapf gespült! Hunde mögen zwar Aas und vertragen es auch, aber verdorbenes Futter und ungekochtes Fleisch sind kein Aas und für den Hund genauso giftig wie für den Menschen. Besonders gefährlich sind verschimmelte Nahrungsmittel!

Knochen sind kein Hundefutter. Geben Sie dem Hund lieber hin und wieder einen Büffelhautkauknochen oder andere Produkte zum Zerkauen. Sie sind ungefährlich, weil sie nicht splittern und in Schlund, Magen oder Darm steckenbleiben können.

Ruhe nach dem Fressen! Füttern Sie Ihren Hund niemals vor Spaziergängen. Er darf nicht springen oder toben, denn es besteht die Gefahr einer tödlichen Magendrehung!

Futterumstellungen sollten immer allmählich erfolgen, indem man zunächst das neue unter das alte Futter mischt. Sonst gibt es eventuell Durchfall.

Mäkelige Esser oder schwache, kranke und genesende Hunde füttert man mehrmals täglich mit kleineren Portionen.

Hände weg vom Lebertran! Er enthält viel Vitamin D, das auch in anderen Vitaminpräparaten und Fertigfutter in ausreichender Menge enthalten ist. Zu viel Vitamin D führt zu schweren Wachstumsschäden.

Das Häufchen

Sie sollten es sich, wenn möglich, immer ansehen. Das Häufchen eines gesunden Hundes ist eine deutlich geformte, recht glatte, dunkelbraune Wurst. Futterreste, Schleim, Blut, veränderte Färbung, bröckeliger oder dünner Stuhlgang zeigen an, daß etwas nicht in Ordnung ist. Hält solch eine Erscheinung über zwei bis drei Tage an, gehen Sie mit einer Kotprobe zum Tierarzt. Es können sich schwere Krankheiten dahinter verbergen, die möglichst schnell und gezielt behandelt werden müssen.

Pflege und Gesundheit

Tägliche Pflege hält den Hund nicht nur sauber, sondern auch gesund, weil man sofort Veränderungen erkennt. Die gründliche Beschäftigung mit dem Hund schafft eine wichtige enge Verbindung mit dem vierbeinigen Freund. Sie beginnt deshalb schon beim Welpen und wird ein Leben lang fortgesetzt. Selbst der pflegeleichte Rottweiler soll sich frühzeitig an die intensive Behandlung gewöhnen, denn auch seine Ohren, Zähne und Pfoten müssen gepflegt werden.

Man bürstet den Welpen täglich einige Minuten lang, auch wenn es eigentlich nichts zu bürsten gibt. Legen Sie ihn dazu auf die Seite und auf den Rücken. Er muß stillehalten. Dazu braucht man keine Gewalt anzuwenden, denn noch sind Sie stärker als der kleine Zappelphillip. Liegt der Welpe entspannt auf dem Rücken und wird sein Bäuchlein gekrault, untersucht man ihn sanft und sorgfältig am Bauch, in den Achseln und rund um die Geschlechtsteile, auch wenn alles in Ordnung ist. Man schaut in die Öhrchen, nimmt die Lefzen hoch, untersucht die Zähnchen mit den Fingern und schaut in den Augenwinkeln nach. All das muß sich später der erwachsene Hund vertrauensvoll ohne zu murren gefallen lassen. Deshalb: Früh übt sich! Wenn der Hund einmal krank oder verletzt ist, dann sind Sie beide froh, wenn er sich ohne Ringkämpfe untersuchen und helfen läßt.

Fellpflege

Der derb-stockhaarige Rottweiler wird nur gestriegelt und mit einem Ledertuch abgerieben.

Der schmutzige Hund

Stellen Sie bei schlechtem Wetter vor dem Ausgehen einen Wassereimer mit einem Lederlappen vor die Tür. Nach dem Spaziergang soll der Hund sitzen und sich Pfoten und Bauch abwaschen lassen. Das ausgewrungene Fensterleder saugt Nässe und Schmutz auf, der Hund wird rasch sauber.

Baden

Ein gesunder, regelmäßig gestriegelter Rottweiler braucht nicht gebadet zu werden. Stark verschmutzt kann man ihn warm abduschen und mit Tüchern trockenreiben.

▷ Dieser Rottweiler nimmt ein freiwilliges Bad!

Augen

Jeden Morgen entfernt man mit einem Papiertaschentuch den Augenschleim aus den Augenwinkeln. Hat der Hund tränende oder entzündete Augen, gehört er zum Tierarzt. Beim Rottweiler kommt gelegentlich das eingerollte Augenlid (Entropium) vor, das man am besten vom Tierarzt operieren läßt, um dem Hund unnötige Qualen zu ersparen. Die ins Auge reibenden Härchen tun weh und führen schlimmstenfalls über Hornhautentzündungen zur Erblindung. Da diese Erscheinung erblich ist, darf mit befallenen Hunden nicht gezüchtet werden.

Ohren

Die Ohren sind regelmäßig zu prüfen. Es gibt Hundeohrenreinigungsmittel, mit denen man den Ohrlappen auswischt. Bitte verwenden Sie sie genau nach der Gebrauchsanleitung und sichern Sie sie vor dem Zugriff durch Unbefugte. Mit einem Wattebausch (um die Finger gewickelt) putzt man im Ohr nur so tief, wie man, ohne dem Hund weh zu tun, gelangen kann. Bohren Sie nie mit Ohrenstäbchen im Ohr herum! Hält der Hund den Kopf schief, schlackert er mit den Ohren, kratzt er sich häufig hinter dem Ohr oder riecht er dort unangenehm, dann sollte man schnellstens zum Tierarzt gehen.

Zähne

Manche Hunde neigen zu Zahnsteinansatz. Er führt zu Zahnfleischentzündungen, und die Zähne fallen unter großen Schmerzen aus. Mit einem Zahnsteinentferner kratzt man den noch weichen Belag ab. Lassen Sie sich das im Hundefachgeschäft oder vom Tierarzt zeigen. Zähneputzen mit einer richtigen Zahnbürste und Hundezahnpasta ist kein dummer Scherz und sollte zur regelmäßigen Pflege gehören.

Pfoten

Beim stehenden Hund berühren die Krallen den Boden kaum. Zu lange Krallen hält man mit einer speziellen Krallenschere kurz. Denken Sie auch an die kleine innere Kralle an den Vorderbeinen, sie kann ins Fleisch einwachsen! Vorsicht, daß beim Krallenschneiden das kleine Blutgefäß in der Kralle nicht verletzt wird. Die Blutung ist nur schwer zu stillen. Sind die Krallen für die Krallenschere zu stark, hält man sie mit einer groben Feile kurz.

Im Winter werden die Pfoten nach jedem Spaziergang mit lauwarmem Wasser abgewaschen, falls die Straßen mit Salz gestreut waren.

Prüfen Sie nach jedem Spaziergang die Pfoten und entfernen Steinchen oder Grassamen zwischen den Zehen. Grassamen mit Widerhaken bohren sich in die Haut und sogar in den Körper hinein und verursachen schlimme Entzündungen.

Der gesunde Hund

Den neuen Hausgenossen stellt man am besten einem Tierarzt in der Nähe vor. Er untersucht, ob der Welpe gut ernährt und gesund ist, er überprüft Wurmkuren und Impfungen. Besonders beim Rottweiler ist es wichtig, frühzeitig zum Tierarzt ein freundschaftliches Verhältnis aufzubauen, denn der große starke Hund läßt sich kaum bändigen, wenn er den Tierarzt ablehnt. Unter Umständen hängen vom Benehmen des Hundes auf dem Behandlungstisch Leben und Tod ab!

Scheint der Hund unlustig, will er nicht fressen, verhält er sich auch sonst anders als üblich, können dies Anzeichen einer Krankheit sein. Die Körpertemperatur wird im After mit einem normalen Fieberthermometer mit eingefetteter Spitze gemessen. Die Normaltemperatur beträgt 38 bis 38,6°. Ist sie höher oder niedriger, wird nach einiger Zeit zur Kontrolle noch einmal gemessen. Hat sie sich nicht normalisiert, zeigt der Hund gar irgendwelche Hautunreinheiten oder Ausflüsse aus Augen und Nase, müssen Sie den Tierarzt aufsuchen. Verlassen Sie sich nicht auf „gute“ Ratschläge und probieren Sie nicht irgendwelche Hausmittelchen aus. Für den Menschen harmlose Medikamente können für Hunde tödlich sein. Nichts ist schlimmer als eine verschleppte oder falsch behandelte Krankheit. Beobachten Sie Ihren Hund genau und machen Sie sich über eventuelle Veränderungen des Verhaltens oder Aussehens Notizen, sie können für den Tierarzt wertvolle Hinweise bei der Diagnosefindung sein.

Schutzimpfungen

Der Welpe muß gegen die schweren, fast immer tödlich verlaufenden ansteckenden Hundekrankheiten Parvovirose, Staupe, Hepatitis, Leptospirose und später die Tollwut geimpft werden. Die Impfungen müssen regelmäßig wiederholt werden. Deshalb ist es wichtig, den Impfpaß beim Tierarzt überprüfen zu lassen und keinen Impftermin zu versäumen.

Vergiftungen

Zu den häufigsten Todesursachen von Hunden gehören Vergiftungen. Die Anzeichen sind recht unterschiedlich, z. B. ungewöhnliches Verhalten, Teilnahmslosigkeit, Erbrechen, Speicheln, Krämpfe, schwerer Durchfall, Blutungen. Wenn man nicht genau weiß, welches Gift in welcher Menge aufgenommen wurde, ist eine Heilung fast immer aussichtslos. Achten Sie darauf, daß der Hund nie unbeaufsichtigt stromert. Hat er unerlaubterweise etwas zwischen den Zähnen, muß er sich das abnehmen lassen.

Alle Chemikalien, wie Pflanzenschutzmittel, Düngemittel, Putzmittel, Frostschutzmittel für Motore, sind giftig. Häufig ist die Dicumarolvergiftung (Rattengift). Sie verhindert die Blutgerinnung, so daß die Nager innerlich verbluten. Es genügt schon, wenn der Hund durch das Gift gelaufen ist und sich anschließend die Pfoten leckt. Müdigkeit, blasse Lefzen und

Augenränder, Blutungen aus Darm, Harnapparat, blutiges Erbrechen, deuten darauf hin. Sofortige Behandlung mit Vitamin K durch den Tierarzt hilft.

Hautunreinheiten

Sie können auf Ungeziefer, Pilzbefall, Hormonstörungen oder Ernährungsfehlern beruhen. Es ist deshalb wichtig, daß schon bei kleinen Veränderungen der Haut der Tierarzt mit Mikroskop und Gewebeentnahme die genaue Ursache feststellt, damit rechtzeitig die richtige Behandlung einsetzen kann.

Durchfall

bekommt ein Hund schnell bei Aufregung, Futterumstellung, oder wenn er zu kaltes Futter bekommen hat. Hier hilft ein Fastentag mit schwarzem Tee. Hält der Durchfall jedoch an, enthält er Blut und zeigt der Hund auch noch andere Anzeichen von Unwohlsein, sollten Sie sofort zum Tierarzt gehen! Es können sich schwere Krankheiten dahinter verbergen!

Erbrechen

Hunde erbrechen oft und schnell nach zu hastigem Fressen, oder wenn sie Gras gefressen haben. Meist fressen sie das Erbrochene wieder auf. Erbricht der Hund häufiger, hat das Erbrochene eine unnormale Farbe, riecht es scheußlich oder wendet sich der Hund angewidert ab – sofort zum Tierarzt!

Ungeziefer

Selbst der gepflegteste Hund schnappt sich bei einem Artgenossen gelegentlich Ungeziefer auf.

Würmer: Am häufigsten kommen Spulwürmer vor, gelegentlich Band-, Peitschen- und Hakenwürmer. Spulwürmer sehen wie Spaghetti aus und sind in Kot und Erbrochenem nicht zu übersehen. Bandwurmglieder bleiben am After kleben. Alle anderen Würmer und deren Eier sind nur unter dem Mikroskop zu erkennen.

Glanzloses Haar und verschleimte Augen sind oft Hinweise auf ungebetene Gäste im Hundedarm. Man sollte vorbeugend jährlich vom Tierarzt eine Wurmkur durchführen lassen. Die üblichen Mittel helfen aber nur gegen Spulwürmer. Es ist deshalb sinnvoll, jährlich eine Kotprobe zum Tierarzt zu bringen, um eventuell vorhandene andere Würmer gezielt, d. h. nach tierärztlicher Anweisung, bekämpfen zu können.

Ungeziefer im Fell: Im Sommer leiden Hunde oft unter Flöhen, Zecken und Milben. Läuse sind relativ selten. Während der Sommermonate kann man den Hund durch ein „Flohhalsband" schützen. Bitte lesen Sie sorgfältig die Pakkungsbeilage, damit es richtig angewendet wird! Hat ein Hund trotzdem Flöhe, besorgen Sie im Zoofachhandel oder beim Tierarzt entsprechende Mittel zur Behandlung des Hundes und seiner nächsten Umgebung. Wenden Sie diese Mittel nur unter sorgfältiger Beachtung der Gebrauchshinweise an und sichern Sie die Mittel vor Unbefugten.

Zecken bohren sich in die Haut und saugen sich voll Blut, bis sie wie dicke graue Erbsen aussehen. Mit einer im Zoofachhandel erhältlichen Zeckenzange können sie leicht entfernt werden. Bitte ins Klo werfen, damit sie nicht mehr an den Hund gelangen können! Die Zeckenplage ist im Sommer in südlichen Gefilden besonders groß. Je nach Urlaubsziel erkundigen Sie sich beim Arzt nach der Impfung gegen die durch Zeckenbisse übertragene Gehirnhautentzündung.

Es gibt viele verschiedene, winzige **Milben**, die sich in den Ohren (Ohrmilben), an Pfoten und Läufen (Grasmilben) festsetzen und unerträglich jucken. Rasch durch den Tierarzt behandeln lassen!

Die Magendrehung

Sie ist bei großen Hunden eine gefürchtete Erkrankung. Dabei bläht sich der Magen auf und dreht sich teilweise oder ganz um seine Achse. Wird nicht innerhalb von zwei Stunden operiert, hat der Hund aufgrund des geschwächten Kreislaufs kaum eine Chance, die Operation zu überleben. Eile ist geboten! Der Magendrehung vorbeugen kann man, indem man mehrmals täglich kleine Portionen füttert, kleine Mengen Wasser auf einmal trinken läßt und jegliches Toben und anstrengende Bewegungen nach dem Füttern vermeidet.

Hüftgelenksdysplasie (HD)

Hierbei handelt es sich um eine gefürchtete Erkrankung, die bei allen großen Hunderasssen vorkommen kann. Die Hüftgelenke sind krankhaft verändert, die Gelenkpfanne der Hüfte und der Oberschenkelkopf passen nicht genau ineinander. Durch ungleichmäßige Belastung der Gelenke entstehen Verschleißstellen, an denen sich schmerzhafte Arthrosen bilden. Der Hund hat Mühe beim Aufstehen und springt nicht mehr gerne. Die Veranlagung für HD ist sowohl erblicher Natur als auch durch die Aufzucht des Hundes beeinflußbar.

Wichtig ist, den Welpen und Junghund nie zu schwer werden zu lassen und nicht zu überanstrengen, damit die Belastungen nicht auf die Knochen gehen, sondern von der Muskulatur getragen werden können. Das setzt aber voraus, daß sich eine gut trainierte Muskelmasse bilden konnte. Und hier spielen die Haltung und Fütterung eine wesentliche Rolle. So darf man z. B. junge Rottweiler bis zum Erwachsenenalter nie häufiger oder längere Zeit auf glatten Böden laufen lassen. Sie überdehnen dabei die Sehnen und können beim Wegrutschen sogar die noch weichen, knorpeligen Gelenkpfannen des Welpen beschädigen.

Sichere Auskunft über den Befall mit HD bringt nur eine Röntgenaufnahme durch den Tierarzt. Die Zuchtzulassung eines Rottweilers ist u. a. auch vom Zustand der Hüften abhängig. Beim Welpenkauf sollte man darauf achten, daß beide Eltern HD-frei sind, weil man hier eine bessere Chance hat, ebenfalls einen HD-freien Hund zu bekommen. Eine Garantie gibt es jedoch nicht, deshalb ist der Punkt Aufzucht doppelt wichtig.

Der Hund und seine Welt

Hunde leben in Familienverbänden, wie die Menschen. Hunde tun alles gemeinsam – jagen, Nachwuchs aufziehen, spielen – wie die Menschen. Hunde und Menschen müssen sich, da sie in einer Gruppe leben und alles gemeinsam tun, einfügen und verständigen können. Hunde und Menschen waren ursprünglich Höhlenbewohner, beide haben die Eigenschaft, ihr Lager sauberzuhalten. Hunde und Menschen passen demnach hervorragend zusammen. Dennoch sind Hund und Mensch völlig unterschiedliche Wesen, die die Welt mit eigenen Augen sehen. Es liegt am Menschen mit seiner überragenden Intelligenz, das Hundeverhalten zu studieren und zu lernen, die naturgegebenen Unterschiede zu erkennen.

Oft erscheint uns das Verhalten unseres Hundes erstaunlich „menschlich". In Wirklichkeit aber handelt er nach seinem hundlichen Verständnis. Das führt zu Mißverständnissen bis hin zu ernsten Problemen. Wir tragen die volle Verantwortung für das Wohl und Wehe unseres Hundes. Es liegt an uns, ihn zu verstehen und über die Erziehung eine gemeinsame Basis für ein erfolgreiches, angenehmes Leben in der Mensch-Hund-Gruppe zu legen.

Das Leben im Rudel

Tief im Grunde seines Wesens ist jeder Hund noch Wolf, auch wenn durch die Haustierwerdung und die Fürsorge des Menschen manche Instinkte des Wildtieres zum Überleben überflüssig wurden. Wir wollen uns das Rudelleben des Wolfes deshalb näher anschauen.

Lebensinhalt eines jeden Lebewesens ist die erfolgreiche Aufzucht der Jungen, um die Art zu erhalten. Das bedeutet, daß gesunde, erwachsene Tiere für Nahrung und Unterkunft sorgen müssen, damit die Jungen gedeihen. In der Gruppe geht das leichter, denn jedes Tier besitzt besondere Fähigkeiten, die es zum Wohle der Gruppe einsetzen kann. Dazu muß

Schon zwei Hunde bilden ein Rudel. Bei diesen beiden handelt es sich um „Axel vom Hause Nonn“ und „Bronco vom Hause Nonn“, die beide die Schutzhundeprüfung II erfolgreich abgelegt haben.

man sich untereinander verständigen. Wölfe verständigen sich mit Hilfe von Gesten, Mimik und Lauten. Sie haben für ihr Zusammenleben ganz bestimmte Regeln entwickelt. Nur wer sich daran hält, darf im Rudel bleiben. Wolfsjunge, denen angeborene Verhaltensweisen fehlen, werden nicht verstanden und gehen früh zugrunde.

Der Erfolg einer Gruppe hängt ab von einer guten Rudelführung. Es gibt einen Boß und eine Chefin, den Alpha-Wolf und die Alpha-Wölfin. Sie haben das Sagen über die Rudelmitglieder ihres jeweiligen Geschlechts. Nur diese beiden, die sich als die klügsten, fittesten und im Umgang mit den Artgenossen am erfolgreichsten erwiesen haben, dürfen Welpen bekommen, denn nur eine begrenzte Anzahl Welpen kann großgezogen und durch den Winter gebracht werden. Bei der Aufzucht der Welpen hilft die ganze Gruppe mit. Das geht sogar so weit, daß Wölfinnen, die keine Welpen haben, Milch bekommen und die Welpen im Notfall mit säugen können (dies ist auch eine Erklärung für die Scheinträchtigkeit der Hündin).

Wie wird ein Wolf zum Alpha-Wolf?

Jedes Rudelmitglied hat seine Aufgabe. Deshalb sind verschiedene Charaktere notwendig und schon von Geburt an vorhanden. Nur weil das Rudel aus vielen Spezialisten besteht, kann es überleben. Aber solch eine Gruppe muß organisiert sein. Ein zu früher oder zu später Aufbruch zur Jagd, Fehlangriffe und falsches Einschätzen eines Beutetieres können über Leben und Tod der Gruppe entscheiden. Es muß einen „Boß" geben, der bestimmt, wann es losgeht und wie gejagt wird. Nur wenn ihm alle folgen, hat die Gruppe Erfolg. Eine erfolgreiche Gruppe ist satt und zufrieden. Sie kann in Ruhe ihre Jungen aufziehen. Die Erziehung der Welpen spielt dabei eine wesentliche Rolle. Sie lernen früh, wer das Sagen hat und wie weit sie gehen dürfen. Diese Erziehung übernimmt der Vater bzw. ein Wolfsrüde. Der Altwolf hat es nicht leicht; immer wieder wird er von dem Welpen gefordert und muß ihm zeigen, wer der stärkere ist. Hält sich der Kleine an die Verhaltensregeln, passiert ihm dabei nichts. Lernt er nicht, sich unterzuordnen, wird er sterben. Der Welpe lernt, wie weit er gehen kann. Er wird sich, wenn er groß, stark und jagderfahren ist, wieder mit dem Altwolf anlegen. Vielleicht hat er Glück, und der Altwolf ist alt oder krank, so daß der Junge ihn im Kampf besiegen kann. Der Jungwolf muß nun dem Rudel durch umsichtiges und bestimmtes Verhalten seine Führungsfähigkeiten beweisen. Er wird so lange der Boß des Rudels sein, bis auch er von einem Besseren gefordert und bezwungen wird.

Würden solche Rangeleien ständig ausgeführt, könnte die Gruppe nicht in Frieden leben und jagen. Querulanten werden vertrieben. Wölfe, die nie die Rudelführung anstreben, leben glücklich und zufrieden an ihrem Platz im Rudel. Sie tragen mit ihren Fähigkeiten zum Gruppenerhalt bei, aber sie fühlen sich ohne Verantwortung sehr viel wohler.

Es ist wichtig, daß jeder Wolf weiß, wo sein Platz im Rudel liegt, damit alles funktioniert. Deshalb sind die Rangeleien um die Rudelführung meist nur Rituale.

Eine Auseinandersetzung zwischen Wölfen und auch zwischen Hunden beginnt damit, daß der eine dem anderen scharf in die Augen schaut. Wer sich unterlegen fühlt, schaut weg, wer dem Blick standhält, muß mit einem Angriff rechnen.

Dieses Aug' in Aug' schauen hat auch für uns im Umgang mit Hunden eine wichtige Bedeutung. Wir dürfen niemals einem fremden Hund direkt ins Auge schauen, er könnte es als Herausforderung betrachten, und wenden wir den Blick nicht ab, sondern beugen uns zu ihm und sprechen freundlich auf ihn ein, wird er möglicherweise angreifen.

Nur der entscheidende Endkampf um die Rudelführung ist wirklich ernst und dauert so lange, bis einer der beiden aufgibt. Selbst hier kommt es, wenn für den Unterlegenen eine Fluchtmöglichkeit gegeben ist, selten zu Todesfällen.

Bei der Zucht des Rottweilers als Treibhund wurde seit Jahrhunderten der dominante Hundetyp gefördert. Wir haben es bei diese Rasse häufiger mit Alphatieren zu tun als bei Rassen, deren Neigung zur Unterwürfigkeit dem Menschen nützlich ist. Das heißt nicht, daß jeder Rottweiler ein „Boß-Typ“ ist, aber die Wahrscheinlichkeit ist groß, daß ein Rüde diese Neigung besitzt.

Dementsprechend muß die Erziehung von Anfang an dem Hund zeigen, daß er einen Boß hat, und zwar einen unantastbaren – ein Leben lang. Der zweibeinige Rudelführer muß deshalb bei jeder Gelegenheit seine Stärke demonstrieren, nicht durch Drill oder Zwang, sondern durch einfache kleine Dinge, etwa indem er den Hund auf den Rücken legt und ihm den Bauch krault, ihm einen Kauknochen abnimmt etc.

Wachsamkeit und Schutztrieb

Sie sind beim Rottweiler stark ausgeprägt. Auch diese Eigenschaften gehen auf das Leben im Rudel zurück. Wölfe leben in abgegrenzten Revieren, insbesondere im Sommer während der Jungenaufzucht, wenn es reichlich Nahrung in nächster Nähe gibt. Im Winter müssen sie längere Streifzüge unternehmen, bis sie Beute finden. Mittelpunkt des Reviers ist die Wurfhöhle mit den Welpen. Die Reviergrenzen werden jeweils durch Markieren abgesteckt. Dazu heben die Wolfsrüden an markanten Stellen entlang der Reviergrenzen ihr Bein oder setzen Kot ab. Streift ein fremder Wolf die äußerste Reviergrenze, genügt schon der Anblick des herbeirennenden „Eigentümers“, um ihn zu vertreiben. Dringt der Fremde aber tiefer ins Revier ein, muß er damit rechnen, angegriffen zu werden. Kommt er dem Lager zu nahe, gibt es unweigerlich einen bösen Kampf.

▷ Aufmerksam schaut dieser Rüde in die Welt.

Genau so benehmen sich Hunde heute noch, das Problem ist nur, daß der Mensch mit seiner im Vergleich zum Hund unfähigen Nase meist nicht erkennt, wie weit das Revier eines Hundes ausgelegt ist. Das hängt davon ab, wie wichtig ein Hund seine Revierschutzaufgaben nimmt und ob man ihn von klein auf daran gewöhnt hat, Fremde jederzeit willkommen zu heißen. Manche Hunde dehnen ihr Revier so weit aus, wie ihre täglichen, immer gleichen Spaziergänge verlaufen. Rüden heben deshalb immer wieder an den gleichen Stellen nach ausgiebigem Beriechen zur Feststellung, wer hier eventuell noch Ansprüche erhoben haben könnte, das Bein. Auch Hündinnen markieren. Andere beschränken sich auf ihren Garten, das Haus oder gar ihren eigenen Platz. Meist ist die freundliche Begrüßung durch den Besitzer für den Hund Anlaß, den Fremden zu dulden. Vorsicht – das heißt nicht, daß wir am nächsten Tag über den Zaun greifen und den Hund streicheln dürfen! Hat er wieder alleine die Verantwortung, kann es durchaus sein, daß er ausgesprochen unfreundlich reagiert.

Ich habe nur die wesentlichen Dinge gestreift, die für das Verständnis unserer Vierbeiner wichtig sind. Diese Erkenntnisse müssen wir bei der Erziehung berücksichtigen, denn unsere Familie ersetzt sein Rudel.

Einmaleins der Hundeerziehung

Erziehung ist für Hunde keine Schikane, sondern eine Lebensnotwendigkeit. Hat der Hund – und das gilt insbesondere für den Rottweiler – keine Rudelordnung, schafft er sie nach seinem Gutdünken. Rudelführer muß immer der Mensch sein. Kann sich ein Hund nicht in jeder Lage auf seinen Rudelführer verlassen, dann wird er unsicher, zeigt vielfältige Verhaltensstörungen von Ängstlichkeit, mangelnder Stubenreinheit bis hin zur unkontrollierten Bissigkeit.

Einigen Sie sich in der Familie bezüglich der Erziehung. Niemand darf ihm erlauben, was ein anderer verbietet. Man kann sich durch Nachgiebigkeit nicht einschmeicheln, im Gegenteil, Hunde „lieben" denjenigen am meisten, der sich ihnen gegenüber am besten durchzusetzen und zu verständigen versteht. Hunde sind sehr wohl in der Lage, menschliche Schwächen auszunutzen und wissen schnell, bei wem Betteln Erfolg hat und wer sie nicht vom Sofa wirft. Als Herrn erkennen sie solche „Schwächlinge" jedoch nicht an. Wenn der erwachsene Hund nicht auf das Sofa soll, dann darf es der kleine Welpe auch nicht.

Hunde lernen durch Belohnung bzw. deren Ausbleiben, nicht durch Strafe. Schläge z. B. gibt es unter Hunden nicht, sie verstehen sie nicht, auch wenn sie Angst oder gar „Reue" zeigen. Man erreicht durch Wutausbrüche und drastische Strafen meist das Gegenteil – die Hunde werden ablehnend und stur. Vertrauensvollen Gehorsam erreicht man nur durch Üben und Belohnen. Hunde lernen unendlich viel, und es macht ihnen Spaß, wenn sie eine Aufgabe gelöst und ein Erfolgserlebnis durch ihren Herrn bestätigt bekommen. Voraussetzung aber ist, daß man nie launisch und unberechenbar ist. Wer einen Hund erzieht, muß sich zusammennehmen können. Bei schlechter Laune oder Streß sollten die Übungen besser ausfallen, ehe man Fehler macht, die kaum rückgängig zu machen sind. Welpen dürfen nie grob angefaßt werden, aber man sollte sie im Spiel gelegentlich auf den Rücken drehen, an Bauch und Brust kraulen. Wehrt sich der Kleine, hält man ihn beharrlich fest, bis er sich entspannt. Dies ist eine ganz wichtige Übung. Der Hund muß sich jederzeit und in jeder Situation seinem Herrn und anderen erwachsenen Personen in der Familie ergeben.

Man übt nur an einem ungestörten Ort (Wohnzimmer oder Garten) und bei guter Laune, wenn der Welpe wach und aufmerksam ist. Zunächst dauern die Übungen nur Minuten, denn der Welpe kann sich weder lange konzentrieren noch sich auf Dauer etwas merken. Mit zunehmendem Alter werden die Übungszeiten länger, aber nie darf man erst dann aufhören, wenn der Hund „sauer“ ist – er wird die nächste Übung dann lustlos angehen! Immer wenn der Welpe etwas gut gemacht hat, beenden wir die Übung mit Lob und Spiel. Niemals im Frust aufhören! Klappt es mal gar nicht so recht, übt man zuletzt etwas, das der Hund wirklich sicher kann, um ihn dann in Lob und Spiel zu entlassen. Versuchen Sie es mit der nicht gelungenen Übung später wieder und denken Sie darüber nach, wie der Hund Sie besser verstehen könnte. Nur so werden die Übungszeiten zu einer angenehmen Erfahrung, auf die sich der Welpe freut. Alle Übungen enden mit einer lockeren Spiel- und Toberunde. Deshalb nur dort üben, wo der Hund sicher und abseits vom gefährlichen Straßenverkehr laufen kann. Erst wenn der ältere Hund seine Übungen sicher ausführt, kann unter Ablenkung geübt werden. Am besten schließen Sie sich einem Hundesportverein an, vielleicht ist sogar eine Ortsgruppe des ADRK in Ihrer Nähe. Dort werden in der Regel Übungskurse für die Grundbegriffe der Hundeerziehung angeboten.

Hier nun die wichtigsten Gehorsamsregeln, die jeder Hund wenigstens beherrschen sollte, wenn er ein sicheres, fröhliches, freies Leben führen soll.

Auslassen

Der Hund muß stets freiwillig abgeben, was er gerade im Fang hat. Wann immer er sich anfangs mit einem Kauknochen oder Spielzeug beschäftigt, nehmen Sie es dem Hund mit dem Hörzeichen „AUS!“ sanft, aber bestimmt aus dem Fang. Er wird gelobt, belohnt und bekommt seinen Schatz sofort wieder. Er wird lernen, daß Abgeben nicht Verlust bedeutet. Diese Übung ist lebenswichtig, sollte der Hund etwas aufnehmen, das ihm schaden kann. Führen Sie diese Übung das

---

▷ Die Übung „Sitz“ gehört zu den leichtesten und klappt meist recht schnell.

Hundeleben lang immer wieder durch. Es ist eine gute Festigung Ihrer Rudelführung gegenüber dem Hund. Wird er Sie jemals anknurren, dann wissen Sie, daß Ihre Rudelführung in Frage steht.

Herankommen

Wann immer Sie einen Leckerbissen, das Futter oder ein Spielchen anzubieten haben, hocken Sie sich hin und locken den Welpen mit seinem Namen und dem Hörzeichen „Hier" heran. Herankommen muß für den Welpen immer eine besonders lohnende Angelegenheit sein. Nie in ärgerlichem Ton rufen oder ihn gar strafen, weil er sich Zeit gelassen hat! Er muß jedoch kommen und wird immer freudig belohnt. Am Anfang ruft man natürlich nicht gerade dann, wenn er mit etwas beschäftigt ist, von dem er sich nur ungern trennt. Später übt man an der langen Leine. Er wird erst von der Leine gelassen, wenn er wirklich zuverlässig unter Ablenkung in fremder Umgebung herankommt. Wenn der Hund sich Zeit läßt, kann man ihn energisch heranziehen – kommt er, wird sofort ausgiebig gelobt und belohnt. Das Herankommen muß für den Hund immer eine angenehme und lohnende Sache sein. Bestehen Sie darauf, daß der Hund kommt, wenn Sie rufen – unterlassen Sie lieber das Heranrufen, wenn die Situation darauf schließen läßt, daß er nicht kommt. Holen Sie ihn lieber ab und leinen ihn dort an, wo er sich befindet. Ein „überhörtes" Kommando „Hier" bedeutet, daß der Hund macht, was er will, das bringt wiederum Ihre Rudelführung ins Wanken.

An der Leine gehen

Zunächst lassen wir in der Wohnung den Welpen mit nachschleifender Leine laufen, bis er sich daran gewöhnt hat. Gelegentlich nimmt man die Leine auf und lockt ihn in eine gewünschte Richtung – loben! Freudig sprechend und lockend bringt man ihn allmählich an die linke Seite. Idealerweise geht der Hund an lockerer Leine mit Schulter in Kniehöhe an unserer linken Seite. Bleibt er zurück, locken wir heran, zerrt er vor, wird er sanft, aber bestimmt mit dem energisch gesprochenen Wort „Fuß“ an die richtige Stelle zurückgeholt, gelobt und belohnt. Den älteren Junghund holen wir mit einem kurzen, heftigen Ruck an die Seite zurück, wenn er ausbrechen möchte. Niemals lange anhaltend zerren lassen. Geht er richtig, wird gelobt und erhält gelegentlich ein Lekkerchen zugesteckt.

Sitz

Man drückt das Hinterteil sanft zu Boden und hält einen Leckerbissen über die Nase, nicht so hoch, daß er springt. Dabei sagt man „Sitz“. Diese leichteste aller Übungen klappt meist im Handumdrehn.

Platz

Damit warten wir, bis der Welpe vier Monate alt ist. Beherrscht ein Hund das Kommando „Platz“ sicher und zuverlässig, können wir ihn selbst auf Entfernung durch Zuruf dazu bringen, sich blitzschnell fallen zu lassen. Das hat in gefährlichen Situationen schon so manchem Hund das Leben gerettet, kann aber umgekehrt auch dem Menschen helfen, der sich durch Ihren Rottweiler bedroht fühlt. „Platz“ wird deshalb immer wieder energisch geübt.

Mit dem jungen Hund beginnt man zu üben, wenn er ohnehin müde ist und gerne liegt. Aus der Sitzhaltung heraus werden die Vorderläufe sanft nach vorne weggezogen, begleitet von dem Wort „Platz“. Halten Sie ihn einige Sekunden an der Schulter fest, bis er sich entspannt. Mit dem Wort „Auf“ oder „Hier“ oder „Fuß“ – entscheiden Sie sich für eines – darf er wieder aufstehen. Später, wenn er Platz beherrscht, kommt das „Bleib“ hinzu. Bei „Platz bleib“ hat der Hund liegenzubleiben, bis man ihn wieder abholt oder abruft. Deshalb ist es wichtig, den Hund nie ohne Kommando aufstehen zu lassen, weil er die Dauer des Liegenbleibens nicht selbst bestimmen darf. Entfernen Sie sich zunächst nur auf Leinenlänge – springt der Hund auf, wird er stets zum Ausgangspunkt zurückgebracht. Dauer und Entfernung vom Hund werden allmählich ausgedehnt.

Die Erziehung darf niemals in Übungsstunden ablaufen; Sie sollten im täglichen Leben immer wieder „Sitz" oder „Platz" verlangen. Nur durch das ständige Anwenden des Gelernten festigen sich die einzelnen Kommandos, so daß sie schließlich vom Hund automatisch ausgeführt werden.

Der Spaziergang mit dem Hund

Ein großer Garten ersetzt den täglichen Gang nicht. Der Hund braucht den intensiven Kontakt mit seinem Menschen und die fremden Eindrücke.

Welpen sollen sich bis zu einem halben Jahr nur in Spielphasen bewegen und dürfen niemals überfordert werden. Natürlich soll er nach der Impfung seine Umwelt kennenlernen, aber dazu braucht man keine langen Spaziergänge zu unternehmen. Erst wenn sich Muskeln und Sehnen gefestigt haben, kann der Hund längere Strecken mitgehen. Das gilt insbesondere für den Rottweiler, der länger zur Entwicklung braucht und anfälliger ist für die gefürchtete Hüftgelenksdysplasie als kleinere und leichter gebaute Rassen. Der ausgewachsene Hund dagegen kann gar nicht genug laufen.

Der Spaziergang beginnt zu Hause. Der sitzende Hund wird angeleint und verläßt immer angeleint bei Fuß das Haus. Es folgen einige Gehorsamsübungen, „Bei Fuß" in langsamer und schnellerer Gangart, „Sitz" und „Platz", um den Hund dort, wo er frei laufen und sich lösen darf, mit einer Spiel- und Toberunde zu entlassen. Am Ende des Spaziergangs wird der Hund herangerufen, man spielt mit ihm noch mal ausgiebig

---

▷ Das Kommando „Platz" kann dem Hund in bestimmten Situationen das Leben retten.

und leint ihn bei dieser Gelegenheit an. Ruft man ihn zum Anleinen heran, wird er sein Kommen hinauszögern, weil er ja längst nicht nach Hause will. Üben Sie zwischendurch Heranrufen, Anleinen, spielend Entlassen. Heranrufen darf nie bedeuten: Kommen, Anleinen, nach Hause gehen! Halten Sie immer ein Leckerchen parat, um auch unterwegs alles Gutgemachte belohnen zu können.

Auf längeren Gängen nimmt man eine Flasche Wasser und einen Napf mit, damit der Hund nicht aus Pfützen trinkt. Aus nahegelegenen Feldern könnten Düngemittel oder sonstige für den Hund giftige Stoffe eingeflossen sein.

Treppensteigen

sollte erst der erwachsene Hund, jedoch muß man schon den Welpen daran gewöhnen, sonst hat er vielleicht später Angst davor. Trainingshalber hin und wieder ein paar Stufen zu steigen, schadet dem Junghund nicht.

Radfahren

ist eine gute Möglichkeit, dem ausgewachsenen Hund ausreichend Bewegung zu verschaffen. Vor dem Beginn des Radtrainings lassen Sie die Gesundheit des Hundes auf Herz und Kreislauf prüfen. Man übt zunächst nur auf kurzen Strecken, bis die Pfoten eine harte Sohle bilden und sich Muskeln und Sehnen daran gewöhnt haben. Man beginnt an ruhiger Stelle, das Rad zwischen sich und dem Hund führend, bis es der Hund akzeptiert. Erst dann aufsteigen. Der Hund geht neben dem Rad rechts, deshalb gewöhnen Sie ihn an ein Kommando, das ihn veranlaßt rechts bei Fuß zu gehen. „Fuß“ bedeutet für den Hund linke Seite. Vor dem Radausflug muß der Hund ausgiebig freilaufen, um sich zu lösen. Selbstverständlich fährt man nur in den kühlen Tageszeiten und macht unterwegs Pausen, damit sich der Hund nicht überanstrengt und ein wenig Abwechslung bekommt. Fahren Sie bei gutem Wetter viel mit dem Hund, dann lassen Sie das Training zum Winter hin allmählich auslaufen, und trainieren Sie im Frühjahr wieder an.

Hunde unter sich

Auf neutralem Boden begegnen sich Hunde in der Regel, indem sie neugierig das Begrüßungszeremoniell durchführen. Dabei sollte man sie nicht unterbrechen. Baut sich ein Hund jedoch auf, steht er auf den Zehenspitzen, sträubt er das Nackenfell und starrt den anderen aus den Augenwinkeln an, ist Vorsicht geboten. Heranrufen und weggehen, gleich ein paar Gehorsamsübungen machen, bis die Gefahr vorüber ist. Es gibt leider auch Hunde, die das Ritual nicht beherrschen und sofort angreifen. Es ist deshalb immer ratsam, den Hundebesitzer nach der Friedfertigkeit seines Hundes zu fragen.

Welpen genießen keineswegs bei allen erwachsenen Hunden Narrenfreiheit. Hier muß man eher Vorsicht walten lassen und sichergehen, daß der andere Hund freundlich ist, ehe man sie zusammen spielen läßt. Der Welpe darf jedoch nicht ängstlich vor fremden Hunden behütet werden. Wenn er nicht lernt, mit Hunden umzugehen oder früh schlechte Erfahrungen macht, bekommt man rasch einen ängstlichen Hund oder bösen Raufer, der jeden Hund in Sichtweite anfällt. Am besten trifft man sich gelegentlich mit Hundebesitzern aus der Nachbarschaft, mit deren Hunden sich der eigene gut versteht. Die Hunde üben sich spielend in hundlichen Verhaltensregeln.

Hundekämpfe sind meist Rituale, die erst dann in blutigen Ernst ausarten, wenn die Besitzer „durchdrehen“. Ein nervenstarker, normal veranlagter Rottweiler begnügt sich damit, seinen Gegner zu unterwerfen bis dieser sich ergibt. Das geht oft blitzschnell und ohne jegliche Verletzungen ab. Auch hier behält man einen kühlen Kopf (leicht gesagt!) und versucht den Hund abzurufen, niemals aber mischt man sich mit Prügeln oder sonstigen, den Kampf eher noch entfachenden Handlungen ein. Damit unterbricht man das Ritual, und es kommt zu Verletzungen. Verbeißen sich zwei Hunde, sollte man sich mit dem Besitzer des anderen trotz der Hektik absprechen, beide Hunde gleichzeitig an den Hinterläufen zu fassen und wegzuziehen, meist lassen sie rasch voneinander ab, wenn sie keinen festen Boden unter allen vier Pfoten haben. Es besteht jedoch immer die Gefahr, daß selbst der eigene Hund dabei um sich beißt und ungewollt seinen Besitzer verletzt. Sollten dabei Verletzungen entstanden sein, müssen diese umgehend – gegebenenfalls vom Arzt – versorgt werden! Die aufgeregten Hunde führt man in entgegensetzte Richtungen weg und lenkt sie mit den üblichen Gehorsamsübungen „Fuß“, „Sitz“, „Platz“ ab, bis sich die Gemüter beruhigt haben. Aber grau ist alle Theorie – ein Hundekampf ist für den Unerfahrenen immer ein schreckliches Erlebnis. Solche unerfreulichen Auseinandersetzungen sind deshalb unbedingt zu vermeiden, indem man schon den Junghund an den Umgang mit Artgenossen und an zuverlässigen Gehorsam gewöhnt, so daß man ihn rechtzeitig abrufen kann.

Rottweiler und Hundesport

Wer mit dem Rottweiler Hundesport betreiben möchte, sollte sich in jedem Fall einer Ortsgruppe des ADRK oder dhv (Deutscher Hunde-Sportverband) anschließen und konsequent bis zur Begleithundprüfung (BH) arbeiten, die Voraussetzung für alle weiteren Aktivitäten ist. Von da an kann man sich entscheiden, ob man auf Schutzhund oder Fährtenhund ausbilden möchte oder lieber zum Turniersport oder zu den

---

▷ Beim Hundesport muß der Rottweiler Hindernisse möglichst fehlerfrei überwinden und dabei einen Gegenstand transportieren (oben).

Wer mit dem Rottweiler Hundesport wie diesen betreiben möchte, sollte sich einer Ortsgruppe des ADRK oder des dhv anschließen (unten).

Rettungshunden überwechselt, sofern in der Nähe eine Ausbildungsmöglichkeit gegeben ist.

Der Rottweiler ist für vielerlei Aufgaben geeignet, denn er lernt schnell und arbeitet gern. Ein sehr schlanker und beweglicher Rottweiler, der sehr verspielt ist und exakt gehorcht, eignet sich für Agility. Hier muß der Hund ähnlich dem Reitturnier in bestimmter Zeit Hindernisse möglichst fehlerfrei überwinden. Jede Art von Hundesport, die der Hund freudig mitmacht, ist eine Bereicherung für das Gespann Herr und Hund. Es muß nicht immer die Schutzhundprüfung sein!

Ausstellung und Zucht

Die Hundeausstellung

Ausstellungen sind Zuchtschauen, bei denen die äußere Erscheinung eines Hundes anhand des Idealbildes, des Rassestandards, von Spezialisten gemessen wird. Für den Züchter sind sie unentbehrlich, denn sie zeigen ihm, wo er mit seiner Zucht steht, was zu verbessern ist und wo besondere Vorzüge liegen. Den vollkommenen Hund wird es nie geben, aber ihn anzustreben kann zur Lebensaufgabe werden!

Die Hunde werden in bestimmten Klassen entsprechend dem Alter oder erworbener Arbeits- oder Siegertitel gerichtet. Die besten Hunde einer Klasse werden von 1 bis 4 plaziert, die Sieger erhalten je nach Art der Ausstellung Anwartschaften für bestimmte Siegertitel. Es gibt internationale Rassehundezuchtschauen für alle Rassen und Spezialzuchtschauen des ADRK, an denen nur Rottweiler teilnehmen.

Möglicherweise wird Sie der Züchter Ihres Hundes auffordern, eine Ausstellung zu besuchen, weil er sein Zuchtprodukt für sehenswert hält. Tun Sie ihm den Gefallen! Am besten besuchen Sie eine kleinere Schau ohne Hund, um das Prozedere kennenzulernen. Anschließend können Sie zu Hause mit dem Hund üben, wie er zu gehen und zu stehen hat und daß er sich die Zähne vom Richter ohne Probleme begutachten läßt. Es lohnt sich, einen gut vorbereiteten Hund vorzuführen. Der Richter hat relativ wenig Zeit, sich den einzelnen Hund anzusehen. Ein gekonnt präsentierter Hund lenkt eher den Blick auf seine Vorzüge als einer, der nur herumtobt und sich absolut nicht ins Maul schauen lassen will. Es macht viel Spaß, mit Gleichgesinnten einen Tag zu verbringen und mit vielen Rottweilerfreunden – die oft aus ganz Europa anreisen – zu „hundeln“. Niemals sollte allerdings ein Mißerfolg bei einer Schau wegen eines Schönheitsfehlers Ihr gutes Verhältnis zu Ihrem Hund trüben. Die Ausstellungslaufbahn ist im Verhältnis zur Lebenszeit eines Hundes nur kurz. Und schließlich ist es ja auch völlig egal, ob Ihr geliebter Vierbeiner einem anderen gefällt oder nicht – Hauptsache, Sie beide sind miteinander glücklich.

Der Züchter muß natürlich andere Kriterien ansetzen, denn er bemüht sich ja laufend um die Verbesserung der Zucht. Er wird sich auch gelegentlich von einem Hund trennen müssen, der sich nicht nach Wunsch entwickelt hat. Nur die besten Exemplare sind für die Weiterzucht gut genug.

Wenn Sie das Abenteuer Ausstellung wagen möchten, bekommen Sie beim ADRK die Schautermine.

Anmerkungen zur Zucht

Es ist eine Gewissensfrage, ob man durch die Zucht die Verantwortung auf sich nehmen sollte, Lebewesen in eine ungewisse Zukunft zu entlassen, denn man kann nicht alle Welpen behalten, und gute Menschen für sie zu finden, ist nicht leicht!

Nur wenn Sie eine wirklich hervorragende Hündin besitzen, die sowohl dem Standard entspricht als auch vom Charakter her ohne Tadel und selbstverständlich kerngesund ist (und das alles nicht nur Ihrer Meinung nach, sondern auch in den Augen der Kenner), können Sie mit ihr zur Förderung der Rasse beitragen, die Sie lieben. Es ist eine schöne, aber aufwendige Aufgabe.

Hundezucht kostet viel Geld, und man braucht sehr viel Zeit und Platz. Vor allen Dingen aber muß man sich mit der Rasse intensiv beschäftigen, Ahnentafeln und Zuchtbücher studieren, Ausstellungen besuchen, um sich selbst eine eigene Idealvorstellung zu erarbeiten. Nur das Paaren von Siegern bringt gar nichts. Man muß sich ein wenig mit der Vererbungslehre befassen und wissen, welche Hunde welche Anlagen weitergeben. Je intensiver man sich vor dem ersten Wurf mit der Rasse beschäftigt, desto schneller führt der Weg zum Erfolg. Es ist ein schönes Gefühl, mit einem selbstgezüchteten Hund, dem man vielleicht ans Licht der Welt geholfen hat, einen Preis zu gewinnen.

Hundezucht ist eine Wissenschaft für sich, deren ausführliche Darstellung den Rahmen des Buches sprengen würde. Die nötige Unterstützung erhalten Sie beim ADRK, dessen Zuchtbestimmungen Sie und Ihre Hündin erfüllen müssen, ehe Sie überhaupt an einen Deckakt denken können. Das alleine ist ein teurer und aufwendiger Weg, der sich wirklich nur mit einer typischen Vertreterin ihrer Rasse lohnt.

Wichtige Anschriften

Verband für das Deutsche Hundewesen e.V. VDH
Westfalendamm 174
44141 Dortmund
Telefon (02 31) 5 65 00-0, Fax (02 31) 59 24 40

Deutscher Hundesportverband e.V. dhv
Gustav-Sybrecht-Straße 42
44536 Lünen
Telefon (02 31) 8 79 49, Fax (02 31) 8 77 08 13

Allgemeiner Deutscher Rottweiler Klub e.V. (ADRK)
Südring 18
32429 Minden
Telefon (05 71) 5 04 04-0

Schweizerischer Rottweilerhunde-Club
Hundevermittlung: Edith Kull-Lutz,
Bächimattstraße 32
CH-3075 Rüfenacht
Telefon 0 31—8 39 47 48 (bis 20 Uhr)

Österreichischer Rottweiler Klub
Johann Samson
Linke Wienzeile 178
A-1060 Wien
Telefon (02 22) 5 97 06 87

Bundesverband für das Rettungshundewesen e.V.
Fliederstraße 5
67112 Mutterstadt
Telefon (0 62 34) 17 08 und (06 21) 8 64 51, Fax (0 62 34) 17 04 und (06 21) 85 19 50

Literatur

BAUER, F.: Hundekrankheiten, 2. Aufl. 1982 (= Lehrmeister-Bücherei)

BECKMANN, F.: Die Rassen des Hundes. Braunschweig, Viehweg & Sohn, 1895

BLACKMORE, J.: Der Rottweiler. Mürlenbach, Kynos-Verlag 1990

KRÄMER, E.-M.: Der Kosmos-Hundeführer. Stuttgart, Franckh-Kosmos, 2. Auflage 1991

MECH, L. D.: Der weiße Wolf. München, Frederking & Thaler, 1990

dito.: Auf der Fährte der Wölfe. München, Frederking & Thaler, 1992

O'FARRELL, V.: Problem Dog. London, Methuen, 1990

OCHSENBEIN, U.: Der Rottweiler. Stuttgart, Franckh-Kosmos, 1987

RHAMM, W. R. von: Aufzucht junger Hunde. Hannover, 3., überarb. Aufl., 1992 (= Lehrmeister-Bücherei)

dito.: Die Erziehung unseres Hundes. Hannover, 3., überarb. Aufl., 1992 (= Lehrmeister-Bücherei)

PIENKOSS, A.: Rottweiler. Essen, Brökeland Verlag 1986

RÄBER, H.: Rassehunde. Band 1, Stuttgart, Franckh-Kosmos 1993

ROSS, J. u. MCKINNEY, B.: Hunde verstehen und richtig erziehen. Stuttgart, Franckh-Kosmos, 1994

Register

Ahnentafel 42
Aujeszkysche Krankheit 50

Baden 62
Bandwürmer 67
Begleithundprüfung 86
Brunft 36

Durchfall 67

Entropium 45, 64
Erbrechen 67
Eßplatz 47

Fett 56
Fleisch 56
Flöhe 68

Gangwerk 28
Gebiß 26
Gemüse 57
Grasfressen 67

Hakenwürmer 67
Halsband 50
Hautunreinheiten 67
Hepatitis 66
Hinterhand 27
Hitze 36
Hüftgelenksdysplasie 69

Kalzium 57
Knochen 60
Krallenschneiden 65
Körpertemperatur 65

Läuse 68
Leinenführigkeit 80
Leptospirose 66

Magendrehung 68
Milben 68
Milch 60

Nahrungsbedarf 58

Parvovirose 66
Pflanzliche Kost 56
Platzübung 81

Raufer 85
Rudelführer 94

Schlafplatz 47
Schutzhundausbildung 18
Sitzübung 81
Spulwürmer 67
Stachelhalsband 51
Staupe 66
Stockhaar 28
Stubenreinheit 53

Trockenfutter 57

Vererbungslehre 90
Vergiftungen 66
Verhalten 26
Vitamine 56
Vorderhand 27

Wachsamkeit 94
Welpenfutter 58
Wesen 8
Wildern 16

Zahnstein 64
Zecken 68
Zuchtbestimmungen 90
Zuchtschauen 88, 93
Zwinger 48

Landbuch-Verlag GmbH, Postf. 160, 30001 Hannover

Der praktische Erziehungsratgeber

W. R. von Rhamm
Die Erziehung unseres Hundes
Was er lernen muß, was er lernen sollte,
Was er lernen muß, was er lernen sollte, 12×16,5 cm, kart.,
3., überarb. Auflage, 12×16,5 cm, kart.,
100 S., 31 S/W-Fotos, 1 Zeichn.,
9,80 DM

Was ein Hund in den ersten Tagen in neuer Umgebung lernen muß, was er lernen kann und wie er es lernen kann, zeigt dieses Buch.

Landbuch-Verlag GmbH, Postf. 160, 30001 Hannover

Alles über Auswahl, Pflege und Erziehung

W. R. von Rhamm

Aufzucht junger Hunde

Auswahl, Pflege, Erziehung

3., überarb. Auflage, 80 Seiten, 8 Fotos, 12×16,5 cm, kart., 7,80 DM

Das Buch hilft, Fehler bei der Aufzucht zu vermeiden, um auch wirklich Freude am jungen Hund zu haben.

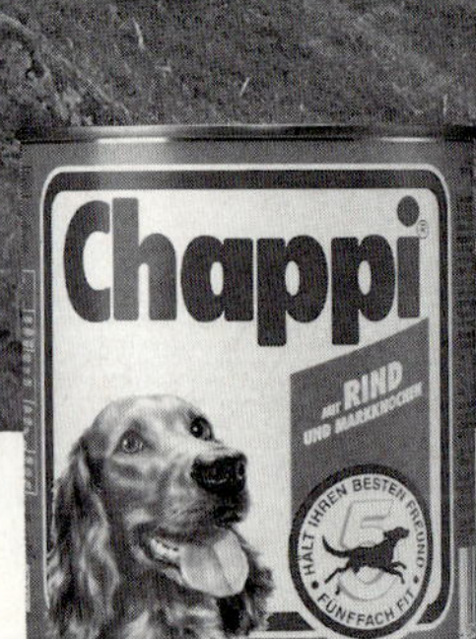

CHAPPI® HÄLT IHREN BESTEN
FREUND FÜNFFACH FIT.